styleguide

NYC

sibella
court

Inhalt

03

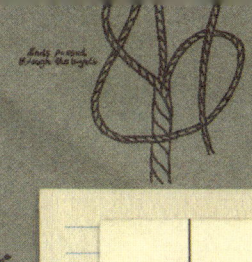

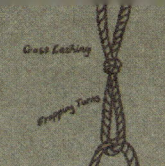

EINLEITUNG

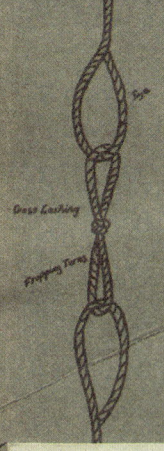

Wenn Sie nicht schon wahnsinnig aufgeregt sind wegen Ihres bevorstehenden New-York-Abenteuers, dann legen Sie „Empire State of Mind" von Jay-Z und Alicia Keys auf und DREHEN SIE AUF VOLLE LAUTSTÄRKE.

New York ist die aufregendste und energiegeladenste Stadt der Welt.

Seit ich wieder nach Sydney gezogen bin und meinen Laden „The Society Inc." eröffnet habe, werde ich von meinen Kunden ständig nach Tipps und nach meinen Lieblingsläden in NYC gefragt. Und es ist schwierig, nur eine Adresse zu nennen, weil diese Stadt so viel zu bieten hat.

Nachdem ich diese erstaunliche Stadt 15 Jahre lang durchkämmt habe, will ich einige meiner Vorlieben, Geheimnisse und versteckten Schätze verraten – und hier ist mein sorgfältig zusammengestellter Styleguide für New York!

Es sind bewährte und geprüfte Adressen. Die Mehrzahl dieser Orte habe ich regelmäßig aufgesucht und kenne viele der Ladenbesitzer, Geschäftsführer, Verkäufer, Designer … Sie können gerne meinen Namen nennen!

Eigentlich bin ich Stylistin mit einer Vorliebe für Innenausstattungen und Dekoobjekte (eben alles, was hübsch, originell und ausgefallen ist). Dies ist mein persönlicher Einkaufsführer. Er funktioniert nicht wie ein herkömmlicher Reiseführer und enthält nicht die üblichen touristischen Infos.

Ich hasse es, in NYC dieselben Wege wieder zurückzulaufen. Das habe ich mir während meiner Arbeit in dieser Stadt abgewöhnt und deshalb thematische Touren erarbeitet, die von Anfang bis Ende etwas zu bieten haben. Nehmen Sie sich Zeit, machen Sie da weiter, wo Sie zuletzt aufgehört haben. Oder absolvieren Sie, wenn Sie so flink sind wie ich, die jeweilige Tour innerhalb eines Tages.

Einige dieser neun Touren werden Sie mehr interessieren, andere vielleicht weniger. Hier die Kapitel:

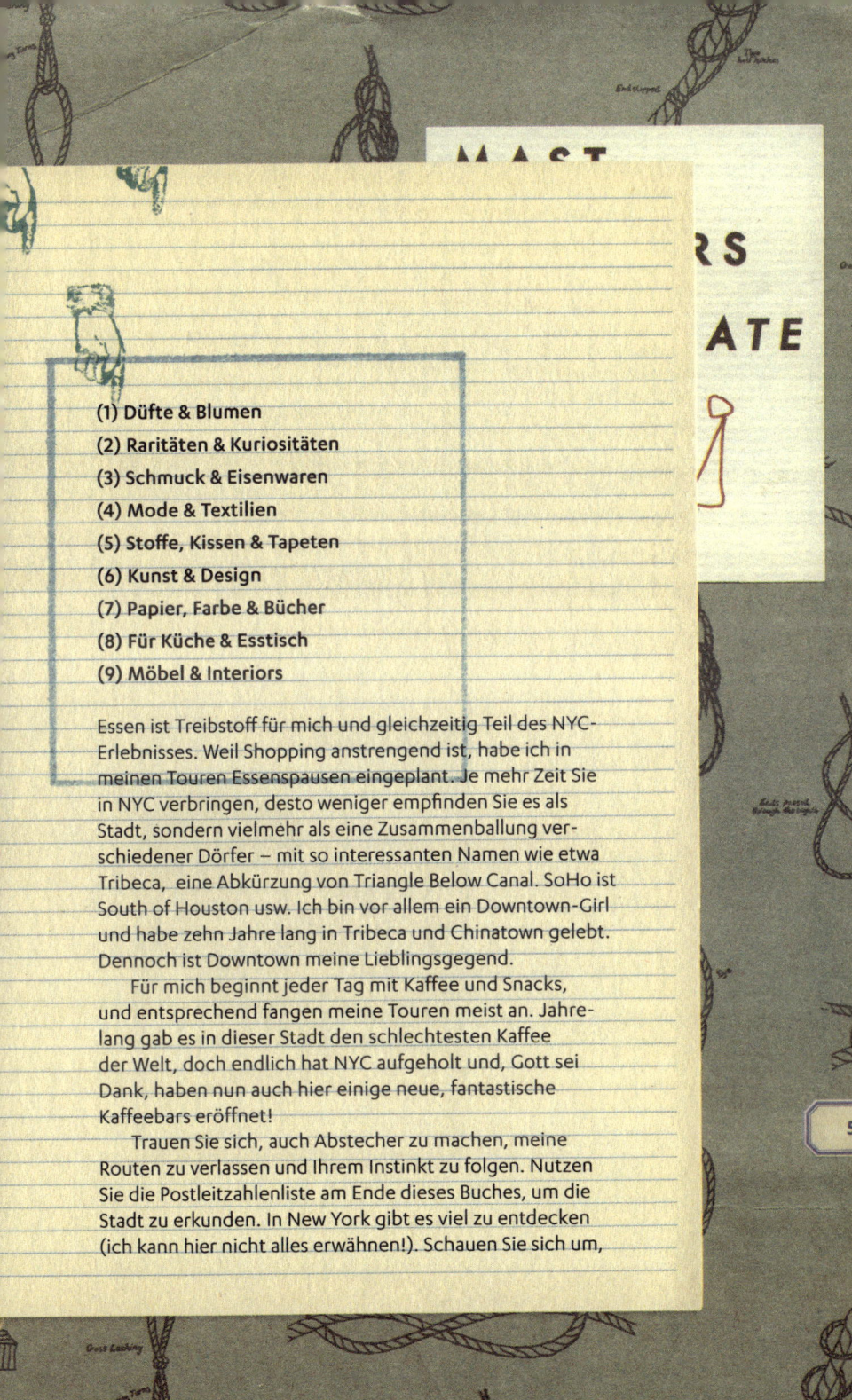

(1) Düfte & Blumen

(2) Raritäten & Kuriositäten

(3) Schmuck & Eisenwaren

(4) Mode & Textilien

(5) Stoffe, Kissen & Tapeten

(6) Kunst & Design

(7) Papier, Farbe & Bücher

(8) Für Küche & Esstisch

(9) Möbel & Interiors

Essen ist Treibstoff für mich und gleichzeitig Teil des NYC-Erlebnisses. Weil Shopping anstrengend ist, habe ich in meinen Touren Essenspausen eingeplant. Je mehr Zeit Sie in NYC verbringen, desto weniger empfinden Sie es als Stadt, sondern vielmehr als eine Zusammenballung verschiedener Dörfer – mit so interessanten Namen wie etwa Tribeca, eine Abkürzung von Triangle Below Canal. SoHo ist South of Houston usw. Ich bin vor allem ein Downtown-Girl und habe zehn Jahre lang in Tribeca und Chinatown gelebt. Dennoch ist Downtown meine Lieblingsgegend.

Für mich beginnt jeder Tag mit Kaffee und Snacks, und entsprechend fangen meine Touren meist an. Jahre-lang gab es in dieser Stadt den schlechtesten Kaffee der Welt, doch endlich hat NYC aufgeholt und, Gott sei Dank, haben nun auch hier einige neue, fantastische Kaffeebars eröffnet!

Trauen Sie sich, auch Abstecher zu machen, meine Routen zu verlassen und Ihrem Instinkt zu folgen. Nutzen Sie die Postleitzahlenliste am Ende dieses Buches, um die Stadt zu erkunden. In New York gibt es viel zu entdecken (ich kann hier nicht alles erwähnen!). Schauen Sie sich um,

checken Sie die Informationstafeln in den Gebäuden und
erkunden Sie die Umgebung.

Machen Sie sich Ihre eigenen Notizen. Die Touren sind
manchmal recht weitläufig und manchmal führen sie durch
mehrere Stadtviertel und wieder zurück. Sie müssen sie
nicht an einem einzigen Tag bewältigen, unterbrechen Sie,
wann immer Sie möchten. Und nichts spricht gegen ein aus-
gedehntes, beschwipstes Mittagessen. Sie haben Urlaub!

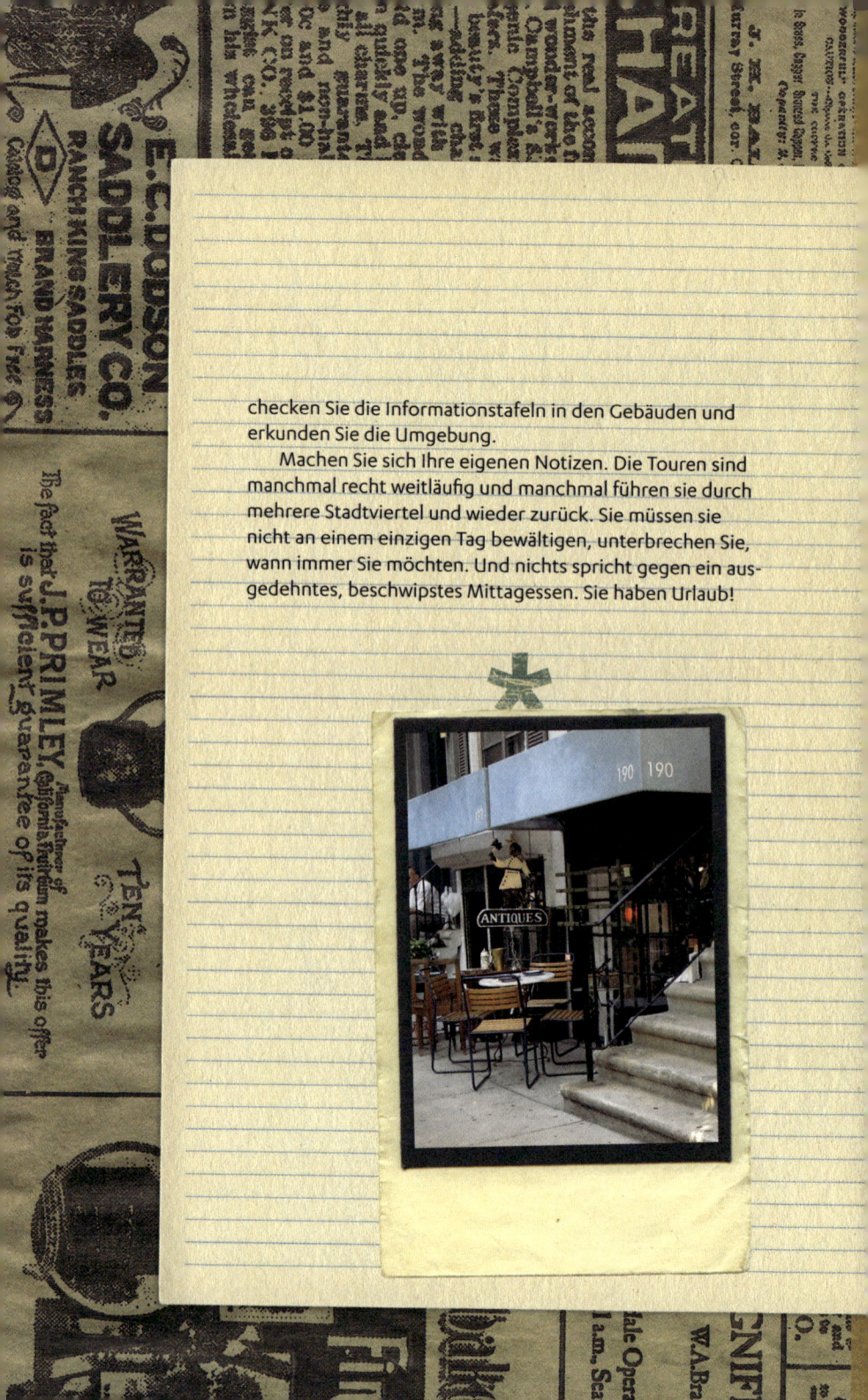

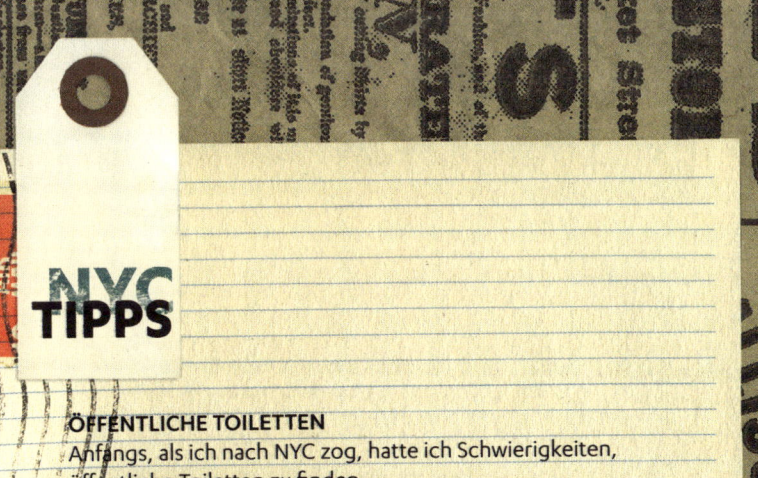

NYC TIPPS

ÖFFENTLICHE TOILETTEN

Anfangs, als ich nach NYC zog, hatte ich Schwierigkeiten, öffentliche Toiletten zu finden.

Nutzen Sie jede Gelegenheit.

Die meisten Restaurants mögen keine Nichtkunden, und es gibt nur sehr wenige Kneipen.

Fast alle Ketten, Starbucks, Kaufhäuser und Hotels verfügen über Toiletten.

Warten Sie nicht bis zur letzten Minute.

SEIEN SIE AUF ALLES VORBEREITET

NYC ist eine Stadt, die Ihnen Ihre Sachen liefert, sodass Sie nichts nach Hause schleppen müssen.

Der Tag wird so schnell zur Nacht, seien Sie unbeschwert und bereit für SPASS.

Alle NYC-Mädels haben zwei Paar Schuhe bei sich. Wählen Sie ein Paar flache, aber seien Sie gerüstet. Halten Sie immer ein Paar mörderischer High Heels parat.

Oft ist man schneller ein paar Blocks gelaufen, als ein Taxi oder die U-Bahn zu nehmen.

Ein paar Pflaster gehören unbedingt ins Handgepäck. Nichts ist weniger glamourös, als durch die Stadt zu humpeln oder wegen ein paar Blasen zu früh nach Hause gehen zu müssen!

Die Wettervorhersage für NYC ist erstaunlich zuverlässig. Wenn Regen vorausgesagt ist (in der Regel ein Wolkenbruch von kurzer Dauer), sollten Sie einen Schirm in der Handtasche haben. Trotzdem brauchen Sie nichts zu fürchten, denn wenn Sie Ihren Regenschirm zu Hause vergessen oder gar keinen haben, riechen die Straßenverkäufer den Regen und finden sich an den meisten Straßenecken – Sie können für ein paar Dollar einen Schirm kaufen.

FAHRRÄDER

Ich bin in NYC immer auf dem Fahrrad unterwegs (außer vielleicht mitten im Winter während eines Schneesturms).

Die Fahrradwege sind toll, und es werden immer mehr.

Fahrräder können Sie mieten, aber keine Schlösser.

NYC ist bekannt für Fahrraddiebstähle. Schließen Sie Ihr Fahrrad nicht an Gerüsten ab. Wählen Sie ein u-förmiges Schloss aus Krypton, das um die 50 Dollar kostet – es lohnt sich! Und denken Sie daran, was Sie an Taxikosten sparen.

Sie können aber auch ein billiges Fahrrad auf dem Flohmarkt oder bei K-Mart für rund 100 Dollar kaufen.

KOMMUNIKATION

Kaufen Sie vor Ort eine Prepaid-Telefonkarte.

T-Mobile hat ein Angebot mit einem Monat Laufzeit, bei dem das Telefon schon inklusive ist!

Es gibt sie in einem der zahlreichen Telefonläden.

KARTEN

Kaufen Sie einen Stadtplan im Taschenformat und eine U-Bahn-Karte in der Größe einer Kreditkarte.

Sie finden sie bei Staples, Barnes & Noble, Kate's Paperie oder McNally Jackson.

PAKETE UND VERSAND

Die meisten größeren Geschäfte haben einen Botendienst, der Ihnen die Sachen ins Hotel bringt, sodass Sie Ihre Pakete nicht zu schleppen brauchen. Manchmal berechnet man dafür eine geringe Gebühr (was sich aber rechnet, wenn Sie den ganzen Tag unterwegs sind).

Oder Sie fragen, bevor Sie losziehen, Ihren Portier, ob er einen Boten organisieren kann, der Ihre Einkäufe abholt.

Für den internationalen Versand empfehle ich UPS, FedEx oder USPS.

SUCHE

Um Läden, Restaurants und Museen zu finden oder einfach nur die Anfangszeiten fürs Kino zu erfahren, können Sie an Google über die Nummer 46645 eine SMS schicken. Geben Sie dann Informationen über den Laden ein und den Namen, die Stadt oder die Postleitzahl. Zum Beispiel Balthazar NYC, oder, im Fall eines Films, „Batman" (oder was auch immer gerade läuft) und NYC.

TAXIS & AUTOS

Taxis können Sie nicht bestellen. Es gibt zwar viele, aber zum Schichtwechsel zwischen 15 oder 16 Uhr ist es wirklich schwierig, eins zu bekommen.

Es gibt eine Reihe toller Car Services (zum gleichen Preis wie Taxis und verhandelbar).

In der Stadt: Delancey Car Services (212) 228-3301 und Carmel Car & Limousine Service (212) 666-3646. Sie können bei der Buchung bestimmen, welche Art Wagen Sie brauchen, z. B. einen Minivan, eine Limousine oder ein kompaktes Stadtauto.

In Brooklyn: Northside Car Service (718) 387-2222.

ÖFFENTLICHER NAHVERKEHR

Kaufen Sie an einer der U-Bahn-Stationen eine MetroCard. Laden Sie sie mit 20 Dollar auf – sie werden nicht ungenutzt bleiben. Die U-Bahn gibt große Faltkarten aus Papier heraus (grässlich und verwirrend, aber in Ordnung, wenn Sie verzweifelt sind).

Merken Sie sich stets, welchen Ausgang Sie bei der U-Bahn nehmen. Zum Beispiel an der Nordostecke der

Straße oder Avenue; es kann beim Aussteigen verwirrend sein, aber hilft Ihnen zu bestimmen, wo Norden, Süden, Osten und Westen sind.

New Yorker sind in der Regel freundliche und hilfsbereite Leute. Zögern Sie also nicht, nach dem Weg zu fragen. Wenn Sie verwirrt sind, fragen Sie zumindest, in welche Himmelsrichtung Sie sich wenden müssen.

SZENE NYC

Kaufen Sie für wöchentliche Infos zu Museen, Filmen, Kunstausstellungen, Sample Sales usw. die Magazine *Time Out*, *The New Yorker* und das *New York Magazine*. Die Sample Sales in NYC sind unglaublich. Es gibt sie bei den meisten Designern. Wenn Sie früh genug da sind, finden Sie nur breit grinsende und zufriedene Gesichter.

Eine großartige Website für Lokalnachrichten (vor allem mit Tipps fürs Wochenende) ist DailyCandy.

BESTE REISEZEIT

NYC ist eine Stadt, in der man die Jahreszeiten spürt. Ich liebe alle, außer dem Hochsommer (Juli/August). Dann ist es hier nämlich schrecklich heiß und feucht!

Wenn Sie einen Einkaufstrip planen und sich den blöden Gepäckbeschränkungen der Fluggesellschaften unterwerfen müssen, denken Sie daran, dass Winterkleidung mehr wiegt und viel Platz im Gepäck braucht!

Safe travels &
have a fabulous trip
Enjoy, Srobella X

PAULA RUBENSTEIN

65 Prince St
NYC 10012

Vintagetextilien, Möbel und
Accessoires
Seiten 78, 112

JOHN DERIAN COMPANY INC

6 E. 2nd St
NYC 10003
212.677.3917
www.johnderian.com

Textilien, Accessoires und
Vintagemöbel
Seite 81

JOHN ROBSHAW

(nach Anmeldung)
245 W. 29th St #1501
NYC 10001
212.594.6006
www.johnrobshaw.com

Möbel und Textilien
Seite 136

THE END OF HISTORY

548 ½ Hudson St
NYC 10014
212.647.7598
www.theendofhistory.blogspot.com

Glaswaren aus den 1950er-Jahren
Seite 247

LE LABO
233 Elizabeth St
NYC 10012
212.219.2230
www.lelabofragrances.com

Parfums
Seite 40

OCHRE
462 Broome St
NYC 10012
212.414.4332
www.ochre.net

Möbel und Accessoires
Seiten 111, 252

ANTHROPOLOGIE
50 Rockefeller Center
NYC 10020
212.246.0386
www.anthropologie.com

Mode, Beauty, Möbel und
Haushaltswaren
Seiten 94, 159, 216

BERGDORF GOODMAN
754 5th Ave
NYC 10019
212.753.7300
www.bergdorfgoodman.com

Haushaltswaren und Mode
Seite 183

PARTNERS & SPADE

40 Great Jones St
NYC 10012
646.861.2827
www.partnersandspade.com

Vintageobjekte und Kunst
Seite 194

TINSEL TRADING CO

1 W. 37th St
NYC 10018
212.730.1030
www.tinseltrading.com

Textilien und Kurzwaren
Seite 129

UNION SQUARE GREENMARKET

Union Square – 14th St und Broadway
(Montag, Mittwoch, Freitag, Samstag)
NYC 10003

Markt
Seite 31

THE RUG COMPANY

88 Wooster St
NYC 10012
212.274.0444
www.therugcompany.info

Teppiche
Seite 171

CROSBY STREET HOTEL

79 Crosby St
NYC 10012
212.226.6400
www.firmdale.com

Hotel
Seite 163

SARA

950 Lexington Ave
NYC 10021
212.772.3243
www.saranyc.com

Japanische Keramik und Geschirr
Seite 231

OBSCURA

280 E. 10th St
NYC 10009
212.505.9251
www.obscuraantiques.com

Unerwartetes und Ungewöhnliches
Seite 83

CHELSEA ANTIQUES GARAGE

(Samstag & Sonntag 9–17 Uhr)
112 W. 25th St
NYC 10001
212.243.5343

Flohmarkt
Seiten 55, 225

I

üfte &
lumen

19

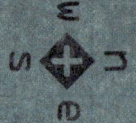

hudson river

MAP.01

Die perfekte Tour für einen sonnigen Mittwoch oder Freitag, wenn viel im Freien verkauft wird.

Zuerst geht's zum Blumenmarkt, einem meiner Lieblingsorte in NYC am frühen Morgen. Er öffnet um 4 Uhr, perfekt also, wenn Sie noch einen Jetlag haben. Es ist eigentlich kein richtiger Markt, sondern eine Ansammlung von Läden auf der 28th Street zwischen der 6th und 7th Avenue.

Sie kommen mit der Linie 1 oder 9 zur 28th Street oder mit dem Taxi zur 28th Street und 7th Ave. Am besten zwischen 6 und 7.30 Uhr, dann können Sie das muntere Treiben hautnah erleben. Schluss ist schon um 11 Uhr.

PTO MAP.02

soho

nolita

CHRISTOPH.

SQUARE PARK

PRINCE ST

WEST HOUSTON ST

GREENE ST

MERCER ST

BLEECKER ST

BROADWAY

14 12

13

CROSBY ST

15

LAFAYETTE ST

MULBERRY ST

LAFAYETTE

11

BOND ST

18 17

MOTT ST

PRINCE ST

ELIZABETH ST

SPRING ST

16

BOWERY

E 1ST ST

E 3RD ST

E 4TH ST

chelsea

greenwich
village

gramercy

10TH AVE

WEST ST

9TH AVE

8TH AVE

8TH AVE

7TH AVE

7TH AVE

6TH AVE

6TH AVE

5TH AVE

5TH AVE

MADISON AVE

BROADWAY

PARK AVE SOUTH

UNIVERSITY PL

WASHINGTON ST

WAVERLY PL

GREENWICH AVE

W 8TH ST

W 9TH ST

W 13TH ST

W 14TH ST

W 22ND ST

W 23RD ST

W 20TH ST

W 21ST ST

W 25TH ST

W 26TH ST

W 27TH ST

W 28TH ST

W 29TH ST

E 14TH ST

E 15TH ST

E 16TH ST

E 17TH ST

E 18TH ST

E 19TH ST

E 20TH ST

GANSEVOORT ST

HORATIO ST

MADISON
SQUARE
PARK

UNION
SQUARE

GRAMERCY
PARK

29

28

27 26

1 2 3 4 5 6 7

8

9

10

21

MAP.02

W 59TH ST

THE
LAKE

THE
POND

25

PARK DR

5TH AVE

E 59TH ST

E 60TH ST

19 20 MADISON AVE

E 61ST ST

PARK AVE

E 62ND ST

LEXINGTON AVE

23

22

E 70TH ST

E 71ST ST

E 72ND ST

E 73RD ST

3RD AVE

2ND AVE

E 75TH ST

1ST AVE

E 73RD ST

E 74TH ST

E 76TH ST

21

YORK AVE

JOHN JAY
PARK

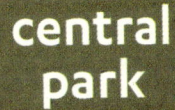

central park

JACQUELINE KENNEDY
ONASSIS
RESERVOIR

5TH AVE

24 E 82ND ST
E 83RD ST
E 81ST ST
E 80TH ST

MADISON AVE

PARK AVE

upper east side

Contents·MERCHANDISE
POSTMASTER· THIS PARCEL
MAY BE OPENED FOR POSTAL
INSPECTION IF NECESSARY

—FROM—
Sibella Court

RETURN POSTAGE
GUARANTEE

DER BESTE KAFFEE IN NYC

Endlich weiß NYC die Bedeutung einer
guten Kaffeebohne und eines begabten
Barista zu schätzen. Sie gehören für
mich zu jedem guten Start in den Tag.

* Joe's coffee
* Gimme!
* Stumptown
* Mudtruck

23

east river

Beginnen Sie an der 7th Ave und der 28th Street und gehen Sie zu **Planter Resource** (1), einem Spezialgeschäft, das Pflanztöpfe von winzig klein bis riesengroß, aus Keramik, Plastik, Terrazzo, Glas und Terrakotta verkauft. Außerdem gibt es ein günstiges und farbenfrohes Angebot an Glasvasen.

Im **Designer's Garden** (2) hat man sich auf Bonsais und auf andere kleine Objekte spezialisiert. Achten Sie auf die hängenden, mit kleinen Pflanzen bestückten Schneckenhäuser für all jene, die zu Hause nur wenig Platz und keinen Garten haben. Die Minisukkulenten kann man einzeln kaufen, um z. B. eine eigene Miniatur-Wüstenlandschaft anzulegen.

Die Katze bei **Caribbean Cuts** (3) heißt Ginger und liebt Aufmerksamkeit. Hier bekommen Sie nicht nur alle möglichen tropischen Blätter und Blüten, sondern auch eine ungewöhnliche Auswahl an dekorativen Objekten: Von Kokosnusssämlingen und Zwergananas mit Stiel bis hin zu Steppenläuferkraut („Tumbleweed") und vielen anderen Sachen, deren Namen ich nicht einmal kenne. Ich habe hier schon unendlich viele Dinge für Fotoshootings gekauft.

Sie sollten bei **G. Page** (4) in der riesigen Auswahl importierter Blumen nach saisonalen und lokalen Pflanzen suchen, die nirgendwo anders zu finden sind. Ich liebe noch kaum entrollte Farnwedel.

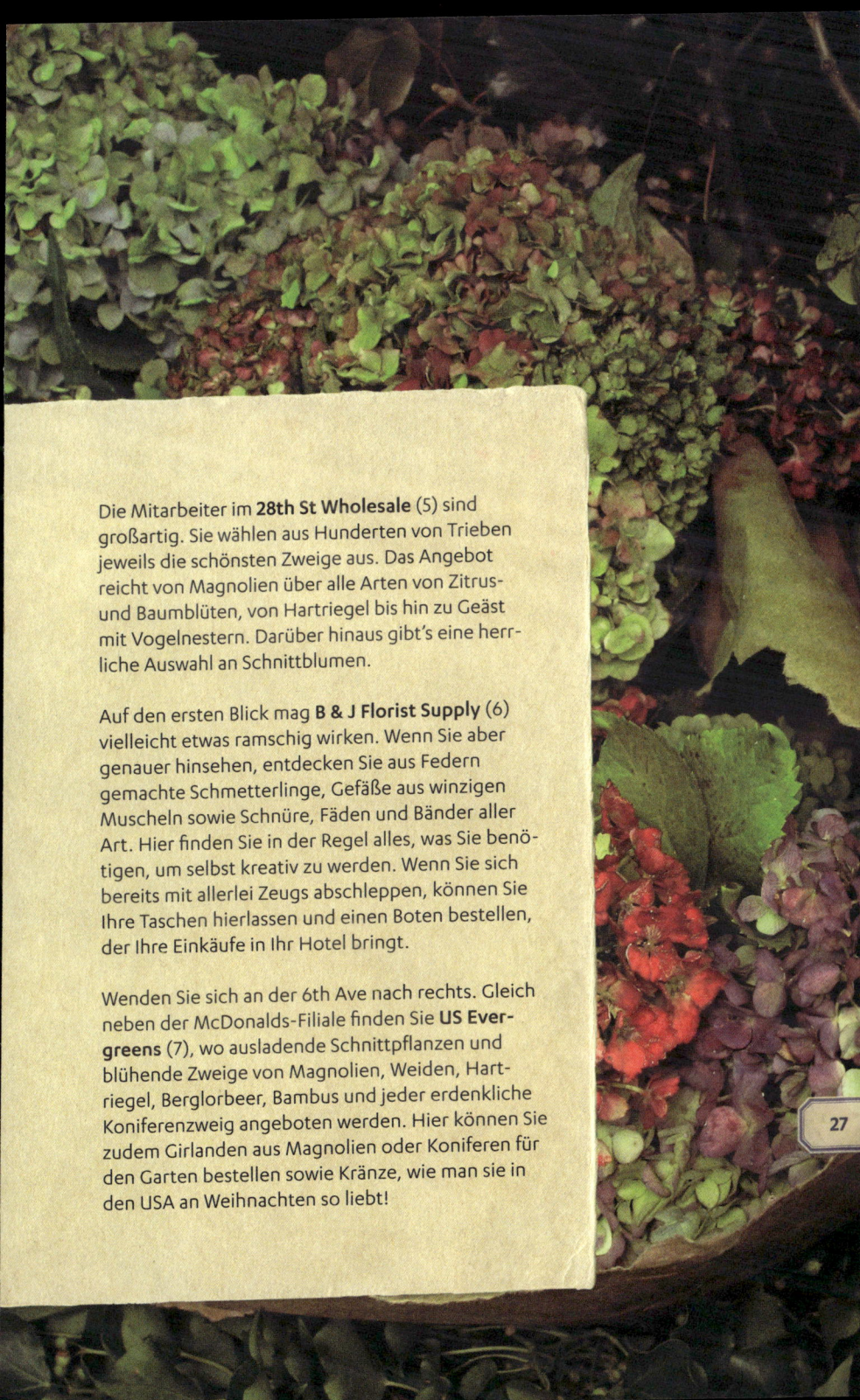

Die Mitarbeiter im **28th St Wholesale** (5) sind großartig. Sie wählen aus Hunderten von Trieben jeweils die schönsten Zweige aus. Das Angebot reicht von Magnolien über alle Arten von Zitrus- und Baumblüten, von Hartriegel bis hin zu Geäst mit Vogelnestern. Darüber hinaus gibt's eine herrliche Auswahl an Schnittblumen.

Auf den ersten Blick mag **B & J Florist Supply** (6) vielleicht etwas ramschig wirken. Wenn Sie aber genauer hinsehen, entdecken Sie aus Federn gemachte Schmetterlinge, Gefäße aus winzigen Muscheln sowie Schnüre, Fäden und Bänder aller Art. Hier finden Sie in der Regel alles, was Sie benötigen, um selbst kreativ zu werden. Wenn Sie sich bereits mit allerlei Zeugs abschleppen, können Sie Ihre Taschen hierlassen und einen Boten bestellen, der Ihre Einkäufe in Ihr Hotel bringt.

Wenden Sie sich an der 6th Ave nach rechts. Gleich neben der McDonalds-Filiale finden Sie **US Evergreens** (7), wo ausladende Schnittpflanzen und blühende Zweige von Magnolien, Weiden, Hartriegel, Berglorbeer, Bambus und jeder erdenkliche Koniferenzweig angeboten werden. Hier können Sie zudem Girlanden aus Magnolien oder Koniferen für den Garten bestellen sowie Kränze, wie man sie in den USA an Weihnachten so liebt!

Pheasant
...
$6.00 / dozen
sweet creamy flavor
Also try DOUBLE YOLK
...

Wir hatten bisher noch keinen Kaffee (und es ist noch früh – Sie werden eine Pause WIRKLICH bald zu schätzen wissen). Wenden Sie sich nach rechts und gehen Sie die 6th Ave zur 22nd Street runter. Halten Sie sich rechts, dort sehen Sie **American Foliage** (8), aus dessen Türen meist (falsche) Bäume hervorquellen und in dessen Schaufenstern flatternde Vögelchen hängen. Das Unternehmen gestaltet die Kulissen für viele Filme in NYC oder stattet sie zumindest aus. Achten Sie auch auf den künstlichen Schnee und die Grasmuster. Der Laden öffnet früh, und Sie können einfach hineingehen, häufig durch einen künstlich glitzernden Wald oder eine ähnliche Szenerie. Zweige, Laternen, überdimensionale Blüten oder weihnachtlicher Glitter bedecken die Wände und Decken. Wenn Sie für ein Shooting oder Event etwas Besonderes suchen, können Sie in einem alten Fahrstuhl in die unteren Etagen fahren. Dort gibt es alles Erdenkliche, um einen einzigartigen Event zu zaubern.

Legen wir eine Frühstückspause ein! Gehen Sie zwei Blocks ostwärts zum Broadway, biegen Sie rechts in die 19th Street ein und betreten Sie **Le Pain Quotidien** (9) auf der Rückseite von ABC Carpet & Home. Setzen Sie sich an den Gemeinschaftstisch und lesen Sie, solange Sie auf ein Glas kalten Orangensaft und weich gekochte Eier warten, den Home & Garden-Teil der Donnerstagsausgabe der *New York Times*.

Schlendern Sie den Broadway hinunter. Montags, mittwochs, freitags und samstags findet der **Union Square Greenmarket** (10) statt. Auf diesem Markt werden ausschließlich saisonale und regionale Produkte angeboten. Ich liebe diesen Ort in fast allen Jahreszeiten: Im Sommer ist Erdbeerzeit, und Sie können das Aroma dieser Früchte noch drei Blocks weit riechen! Im Herbst türmen sich Kürbisse in allen Formen und Farben hoch auf, und im Frühjahr kann man die ersten zarten Maiskolben essen. Hier ist einfach alles paradiesisch!

Mein Bruder Chris ist ganz versessen auf die Ronnybrook-Schokoladenmilch, die in einer Glasflasche mit Sahnehaube obendrauf verkauft wird. Er reißt den Deckel ab und trinkt sie sofort aus der Flasche – und das schon seit 1975!!!

Springen Sie in ein Taxi Richtung Bond Street und Broadway und schauen Sie auf einen Sprung im **Bond No. 9** (11) herein, wo es Parfums gibt, die nach verschiedenen Straßen und Gegenden in New York City benannt wurden. Ich persönlich liebe den Duft Riverside Drive, obwohl ich auch Chinatown so gern hätte, schon weil der Flakon mit den Kirschblüten wunderschön ist. Nehmen Sie Pröbchen mit, die wie Bonbons in Metallfolie verpackt sind – wirklich hübsch. Allein die Flakons sind einen Besuch wert!

Gehen Sie den Broadway weiter bis zu **Ricky's** (12). Davon gibt es einige Filialen in der Stadt. Sie wirken wie gehobene Drogerien und können einem den Atem rauben. Gönnen Sie sich deshalb eine Minute zum Luftholen. Ich kaufe stets Rote-Johannisbeer-Kerzen von Votivo (meine Lieblingskerzen und mit einer schönen Erinnerung verknüpft), kleine Haarklammern sowie Dr. Bronner's flüssige Pfefferminzseife (es gibt Reisegrößen). Im Sortiment finden Sie auch viele Shampoos, Haarspülungen, Cremes und alles, was Sie sich für Ihr Badezimmer wünschen (im hinteren Bereich gibt es sogar eine Erotikabteilung).

Gehen Sie dann zu **Dean & DeLuca** (13) – allein schon wegen der fantastischen Auslage und des herrlichen Dufts in der Käseabteilung.

Halten Sie sich Richtung Westen mit Ziel Mercer Hotel und betreten Sie **45 rpm** (14), um den steinernen Eingang zu bewundern, der täglich mit nach Zedern duftendem Wasser besprengt wird. Sie werden direkt ins japanische Edo versetzt. Neben dem herrlichen Duft und dem bloßen Erlebnis, hier einzutreten, gibt es mit Indigo gefärbte Kleidung. Ich habe zwar noch nie etwas gekauft, bin aber sehr gern hier. Achten Sie auf die von Hand geschnitzten Knöpfe aus Holz und Bein aus aller Welt, die auf der Theke verteilt sind. Jeder Einzelne erzählt eine Geschichte.

Wir werden ein verspätetes Mittagessen einnehmen.

Jetzt laufen wir die Prince Street hinunter, dann nach Osten zur Lafayette Street, wo schließlich links **Santa Maria Novella** (15) zu sehen ist. Wer kann an diesen von Nonnen in Florenz hergestellten Dingen vorbeigehen? Ich liebe eigentlich jede Art Rosenwasser, aber das hier ist besonders schön und einfach verpackt. Kaufen Sie auch ein paar der parfümierten Papiere.

Gehen Sie weiter Richtung Süden nach Nolita und biegen Sie auf der Prince Street links in die Elizabeth Street ab. Dann gehen Sie rechts zur **Elizabeth Street Gallery** (16). Der Außenbereich ist genauso spannend wie die Innenräume. Allan hat unlängst zwischen Löwenskulpturen und himmelhohen Obstleitern ein paar Gemüsebeete angelegt. Schauen Sie sich die vielen Möbel und Dekoobjekte an. Die Liebe zu Metall und Schmiedeeisen sowie zum Ausgefallenen machen diesen Laden mit seinem gefliesten Boden zu einer wahren Fundgrube. Allan hat eine alte Bäckerei mit Materialien aus Abrisshäusern ausgestattet und dabei auch Schmiedeeisen eingesetzt, das so aussieht, als wäre es schon immer dort gewesen.

Dann geht es einfach die Straße rauf zu **Le Labo** (17).

Le
Labo

Das Parfumlabel Le Labo ist ins Shi umgezo-
gen, einen meiner früheren Lieblingsläden in
New York. Es handelt sich um ein wunderbares
Geschäft mit zwei Schaufenstern, dem die neuen
Betreiber ihren Stempel aufgedrückt haben.
Industriell in der Anmutung, persönlich im Stil,
wird hier ein breites Spektrum an einzigartigen
Parfums angeboten. Wenn Sie genug Zeit mit-
bringen, wird Ihr Duft vor Ihren Augen gemischt
und mit Ihrem Namen darauf etikettiert. Ich habe
einen Rosenduft gekauft. Das war ja klar!

233 Elizabeth St
NYC 10012
212.219.2230
www.lelabofragrances.com

What is Le Labo?
- a playground for your nose

Wenn Sie einen Snack brauchen, dann setzen Sie sich auf die Terrasse des **Café Gitane** (18) gleich um die Ecke. Ich liebe das Blau, Sie werden es verstehen, wenn Sie dort sind. Weil dies eine Tour ist, bei der es um Düfte geht, sollten Sie den perfekt gemachten Obstsalat mit Minze probieren. Er duftet und schmeckt großartig! Die Citron pressé ist ebenfalls fantastisch.

Nehmen Sie in der Prince Street den Zug (N, R) Richtung 59th und 5th Street. Laufen Sie rüber zu **Barneys** (19) und gehen Sie dort ins Untergeschoss. Die Auswahl an Parfums ist beeindruckend. Ich gehe meist gleich nach hinten zu den kleineren Labels, gierig nach Gypsy Water. Hier kann man außerdem tolle Verpackungen und originell gestaltete Flakons bewundern.

Jetzt ist es Zeit fürs Mittagessen. Gehen Sie zu **Fred's** (20) in der neunten Etage. Bitten Sie um einen Platz an der Bar, damit Sie nicht warten müssen (wenn Sie im Restaurant Platz nehmen wollen, reservieren Sie besser vorher). Es geht aber um die Bar und das Beobachten der Leute, die „lunchen". Ich bestelle den klassischen Salat und ein Glas Wein. Die Salatportionen sind riesig – teilen Sie oder bestellen Sie einfach eine halbe Portion.

Weiter geht's zu **Treillage Ltd** (21). Ich liebe es, leider liegt es recht weit östlich. Wenn Sie aber an Gartenmöbeln interessiert sind, dürfen Sie es nicht verpassen! Nehmen Sie ein Taxi von der Madison Ave aus.

Falls die Bürotür in der Mitte des Ladens offen steht, werfen Sie einen vorsichtigen Blick hinein und betrachten Sie die Schmetterlingssammlung an den Wänden.

Vom Treillage gehen Sie durch hübsche Straßen zu **Lexington Gardens** (22), einem teuren Gartengeschäft für all jene, die Platz im Freien haben (in NYC ein Glücksfall!). Es gibt Übertöpfe und einige antike Stücke wie Faux-bois-Möbel und Tiere aus Zement.

Nicht weit davon entfernt liegt die New Yorker Filiale von **Mecox Gardens** (23) – die andere befindet sich in den Hamptons. In dieser Filiale gibt es eher kleinere Dekosachen als große Objekte für draußen.

Nehmen Sie ein Taxi zum Metropolitan Museum, auch liebevoll **The Met** (24) genannt. Weil wir uns hier auf der Tour der Düfte befinden, gehen wir direkt auf die Dachterrasse mit der herrlichen Aussicht und atmen die Luft des Central Park ein, während wir Champagner schlürfen. Jeden Sommer sind in den Schaukästen Installationen eines anderen Künstlers ausgestellt.

Gehen Sie anschließend in den Park und halten Sie sich in Richtung des **Loeb Boathouse** (25), das sich an der 72nd Street und Park Drive North befindet. Ich kann nur begeistert empfehlen, sich für eine Stunde ein Ruderboot zu mieten. Bei einer Bootstour relativieren sich die riesigen Ausmaße des Central Park, und es lassen sich viele versteckte Ecken entdecken.

43

Gehen Sie durch den Park zur Ecke 72nd und Central Park West und nehmen Sie den Zug nach Downtown (A, C, E) Richtung West 4th Street. Unser Ziel ist **C. O. Bigelow** (26). Neben einigen meiner Lieblingsmarken, wie Mason Pearson und Tweezerman, findet man dort auch hauseigene Kosmetikartikel, die altmodisch wie pharmazeutische Waren verpackt sind.

Überqueren Sie die Straße zum **Jefferson Market Garden** (27). Einst stand an dieser Stelle ein Frauengefängnis. Heute befindet sich hier ein herrlich bepflanzter Park, in dem Sie sich ein wenig von unserer Tour erholen können. Ein schönes Bibliotheksgebäude, früher ein Gericht, spendet etwas Schatten. Man erwartet am Eingang eine kleine oder auch größere Spende. Wenn der Park nicht geöffnet ist, liebe ich es, meinen Kopf an die Gitterstäbe zu drücken und zu sehen, was gerade blüht. Oder ich atme einfach tief den Duft der Kletterrosen ein.

Von dort aus laufen Sie zu **Aedes de Venustas** (28), einem Laden im Herzen des West Village mit einer supercoolen Ladenfront. Er ist wie ein schummeriges Boudoir eingerichtet und hat bekannte und weniger bekannte Parfums im Angebot.

Um den Tag angemessen abzuschließen und in den Sonnenuntergang einzutauchen, halten Sie auf den Westside Highway und **The High Line** (29) zu.

45

The High Line

Dieser erhöht angelegte Garten beginnt an der Gansevoort Street, kann aber von verschiedenen Punkten der 30th entlang der Washington Street und der 10th Ave betreten werden. Ein hübscher Abschluss für unsere Tour. Die alte, ausrangierte Eisenbahntrasse, auf der früher Güter zu den Lagerhäusern transportiert wurden, hat man in eine wunderschöne Oase verwandelt! Einfach göttlich! Es gibt große hölzerne Sonnendecks, auf denen Sie ein Gläschen Wein genießen können (den Wein haben Sie auf dem Weg dorthin in einem der Liquor Stores besorgt); Sie können herumschlendern, es gibt saisonale Gärten (eigentlich blüht immer irgendetwas), oder Sie werfen neugierige Blicke in die benachbarten Lofts. An verschiedenen Stellen haben Sie auch einen tollen Ausblick auf den Hudson River.

529 W. 20th St #8W
NYC 10011
212.206.9922
www.thehighline.org

Rari
Kurio

äten & sitäten

49

chelsea

8TH AVE

W 30TH ST

5

7TH AVE

W 18TH ST
W 20TH ST
W 21ST ST
W 23RD ST
W 26TH ST
W 28TH ST
W 29TH ST

9
8
1
4
6TH AVE
6
3

6TH AVE

W 15TH ST
W 16TH ST
W 17TH ST
W 19TH ST
W 22ND ST
W 24TH ST
W 25TH ST
W 27TH ST

BROADWAY
W 31ST ST
W 32ND ST

11
10
2
7

5TH AVE
5TH AVE

BROADWAY

MADISON SQUARE PARK

MADISON AVE

UNION SQUARE

PARK AVE SOUTH

E 14TH ST
E 22ND ST
E 23RD ST

garment
district

BRYANT
PARK

MAP.01

Diese Tour können Sie leider nicht sonn-
tags unternehmen. Wenn Sie sie an einem
Samstag machen, sollten Sie am besten bei
Chelsea Antiques Garage (1) starten. Man
öffnet hier nicht so früh, wie man vielleicht
denkt. Wenn Sie gegen 9 Uhr ankommen,
ist meistens schon Betrieb, obwohl hier und
da noch Vorbereitungen laufen. Manche der
Läden auf dieser Tour sind bis unters Dach
vollgestopft. Seien Sie aufmerksam und
halten Sie die Augen offen. Sie werden über-
rascht sein, was man alles finden kann!

PTO MAP.02

east river

KURIOSES

Ich liebe es, mein Kuriositätenkabinett ständig zu erwei-
tern. Auf dieser Tour finden
Sie ganz bestimmt lauter
ungewöhnliche, vergessene,
abgelegte, einst geliebte,
schräge und alte, zerfled-
derte, angeschlagene und
antike, sehr große und winzig
kleine Kostbarkeiten.

UNION
SQUARE

NO SMOKING

MON.
TUE.
WED.
THU.
FRI.
SAT.

The
GARAGE
ANTIQUE
FLEA
MARKET

OPEN EVERY WEEKEND
FREE ADMISSION

Chelsea Antiques Garage

Es gibt zwei Etagen, ich liebe beide und finde hier immer viele schöne Dinge. Zu meinen liebsten Entdeckungen zählen ein riesiges, vom Wetter gegerbtes Geweih, winzige Glasflaschen mit verwitterten Etiketten, ein gusseiserner Abroller und alte Kofferaufkleber. Das Angebot ändert sich jedoch ständig, weshalb Sie immer auf der Pirsch sein sollten. Sie werden fantastische antike Möbel entdecken, Briefe, Postkarten, Aufkleber, botanische und wissenschaftliche Stiche, Quilts und Leinen sowie andere Schätze aus vergangenen Zeiten. Dazwischen finden sich, dicht gestopft, Afrikanisches und Chinesisches, Porzellanfiguren, Perlenschnüre, afrikanische Textilien, hölzerne und mit Perlen verzierte Schemel sowie Objekte aus Jade und Koralle.

(Sa & So 9–17)
112 W. 25th St
NYC 10001
212.243.5343

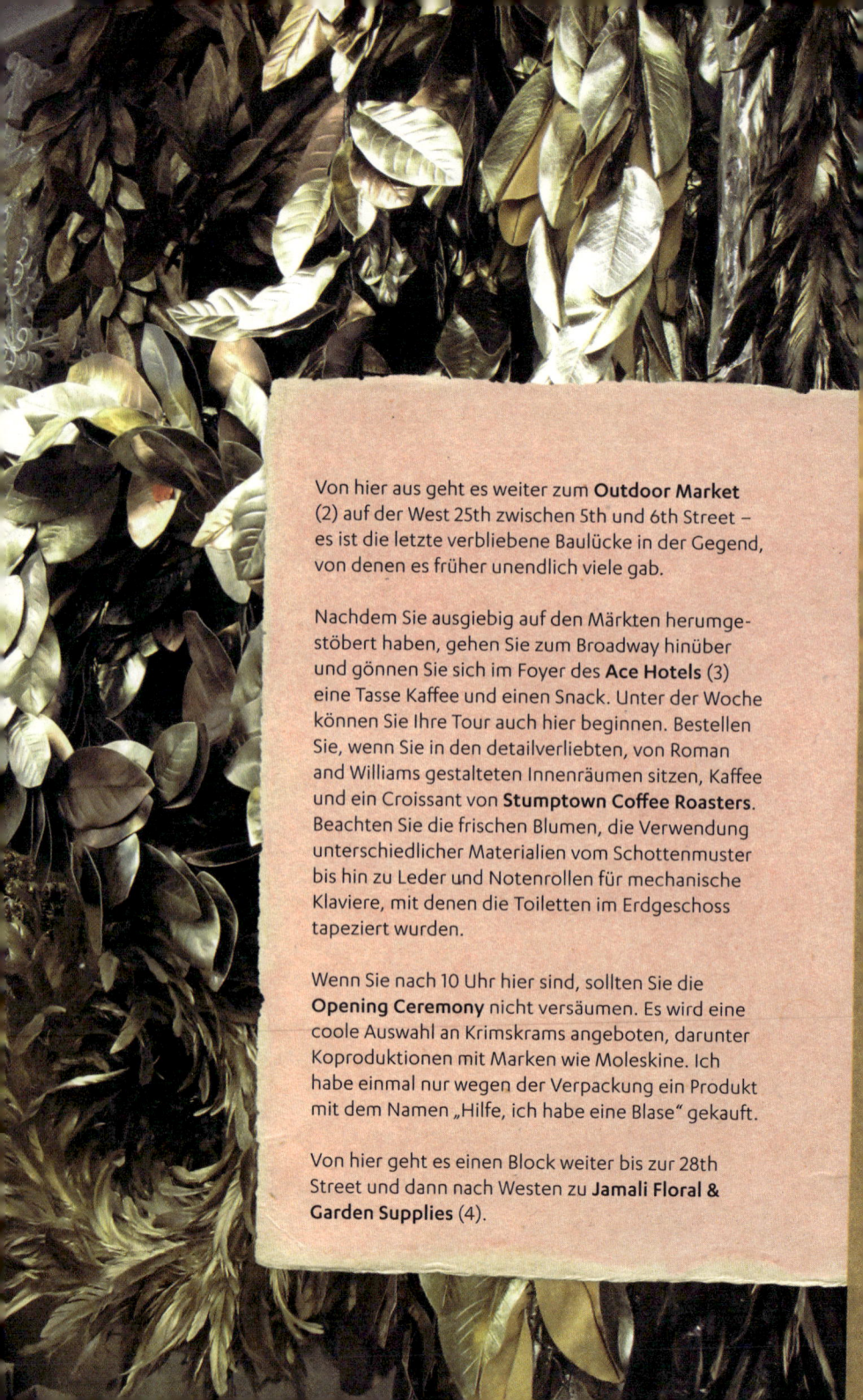

Von hier aus geht es weiter zum **Outdoor Market** (2) auf der West 25th zwischen 5th und 6th Street – es ist die letzte verbliebene Baulücke in der Gegend, von denen es früher unendlich viele gab.

Nachdem Sie ausgiebig auf den Märkten herumgestöbert haben, gehen Sie zum Broadway hinüber und gönnen Sie sich im Foyer des **Ace Hotels** (3) eine Tasse Kaffee und einen Snack. Unter der Woche können Sie Ihre Tour auch hier beginnen. Bestellen Sie, wenn Sie in den detailverliebten, von Roman and Williams gestalteten Innenräumen sitzen, Kaffee und ein Croissant von **Stumptown Coffee Roasters.** Beachten Sie die frischen Blumen, die Verwendung unterschiedlicher Materialien vom Schottenmuster bis hin zu Leder und Notenrollen für mechanische Klaviere, mit denen die Toiletten im Erdgeschoss tapeziert wurden.

Wenn Sie nach 10 Uhr hier sind, sollten Sie die **Opening Ceremony** nicht versäumen. Es wird eine coole Auswahl an Krimskrams angeboten, darunter Koproduktionen mit Marken wie Moleskine. Ich habe einmal nur wegen der Verpackung ein Produkt mit dem Namen „Hilfe, ich habe eine Blase" gekauft.

Von hier geht es einen Block weiter bis zur 28th Street und dann nach Westen zu **Jamali Floral & Garden Supplies** (4).

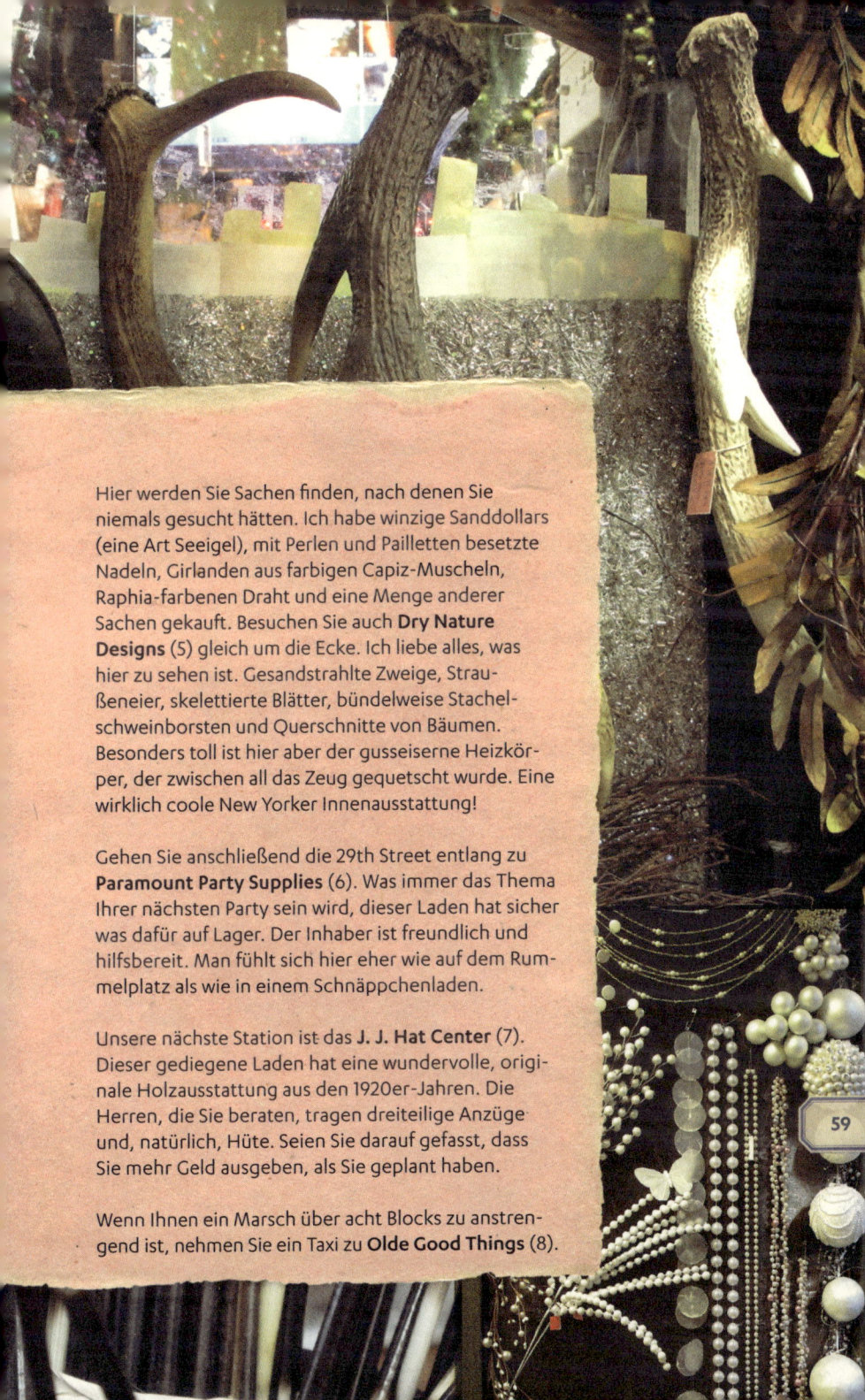

Hier werden Sie Sachen finden, nach denen Sie niemals gesucht hätten. Ich habe winzige Sanddollars (eine Art Seeigel), mit Perlen und Pailletten besetzte Nadeln, Girlanden aus farbigen Capiz-Muscheln, Raphia-farbenen Draht und eine Menge anderer Sachen gekauft. Besuchen Sie auch **Dry Nature Designs** (5) gleich um die Ecke. Ich liebe alles, was hier zu sehen ist. Gesandstrahlte Zweige, Straußeneier, skelettierte Blätter, bündelweise Stachelschweinborsten und Querschnitte von Bäumen. Besonders toll ist hier aber der gusseiserne Heizkörper, der zwischen all das Zeug gequetscht wurde. Eine wirklich coole New Yorker Innenausstattung!

Gehen Sie anschließend die 29th Street entlang zu **Paramount Party Supplies** (6). Was immer das Thema Ihrer nächsten Party sein wird, dieser Laden hat sicher was dafür auf Lager. Der Inhaber ist freundlich und hilfsbereit. Man fühlt sich hier eher wie auf dem Rummelplatz als wie in einem Schnäppchenladen.

Unsere nächste Station ist das **J. J. Hat Center** (7). Dieser gediegene Laden hat eine wundervolle, originale Holzausstattung aus den 1920er-Jahren. Die Herren, die Sie beraten, tragen dreiteilige Anzüge und, natürlich, Hüte. Seien Sie darauf gefasst, dass Sie mehr Geld ausgeben, als Sie geplant haben.

Wenn Ihnen ein Marsch über acht Blocks zu anstrengend ist, nehmen Sie ein Taxi zu **Olde Good Things** (8).

Olde Good Things

Ein toller Ort für Stücke, die „geborgen" wurden. Die Vielzahl an Türen, Fensterläden, Badewannen und Waschbecken ist einzigartig – Sie können hier sogar Türen finden, die aus dem berühmten Plaza stammen! Es gibt eine riesige Auswahl an Möbelbeschlägen, sanitärem Inventar, Badezimmerarmaturen, Duschköpfen, Gepäckträgern, Garderobenhaken und Regalstützen. Sehr hübsch und sehr amerikanisch. Der Laden hat irgendwo außerhalb New Yorks ein großes Lagerhaus. Wenn Sie also auf der Suche nach einem bestimmten Stück sind, trauen Sie sich ruhig, danach zu fragen. Man wird versuchen, die gewünschten Dinge für Sie herbeizuzaubern.

124 W. 24th St
NYC 10011
212.989.8401
www.ogtstore.com

Gehen Sie anschließend zwei Blocks weiter zu **Mantiques Modern** (9). Wenn Sie den Film *A Single Man* von Tom Ford gesehen haben, werden Sie verstehen, worum es hier geht. In sehr amerikanischem Look präsentiert man hier interessante Objekte, coole Möbel und sagenhafte Einzelstücke. Diese Dinge sollten an architektonisch gestalteten Orten stehen und dort bewundert werden. Man nimmt sich hier aber nicht zu ernst, und die Mitarbeiter sind einfach toll.

Wir biegen um die Ecke und landen bei **Abracadabra** (10). Singt hier noch jemand „wanna reach out and grab ya", wenn er dieses Wort hört? Hier gibt es fantastisches Zeug. Ich habe mal ein Paar bodenlange schwarze Engelsflügel gekauft. Unglaublich. Falsche Schnurrbärte, Kunstblut ... die ganzen Spielereien für Partys und Halloween. Es ist immer wieder toll, zu sehen, welche Bedeutung Halloween in den USA hat und wie ernst man es nimmt.

Gehen Sie von dort zu **Books of Wonder** (11) in der 18th Street. Auch dies ist ein Spezialgeschäft. Hier wird jedes Kinderbuch verkauft, das jemals geschrieben wurde (o.k., das habe ich mir ausgedacht, aber es könnte stimmen). Auch die Schaufenster sind wunderbar. Meine Mutter hat diesen Laden geliebt. Sie war immer auf der Suche nach russischen Geschichten.

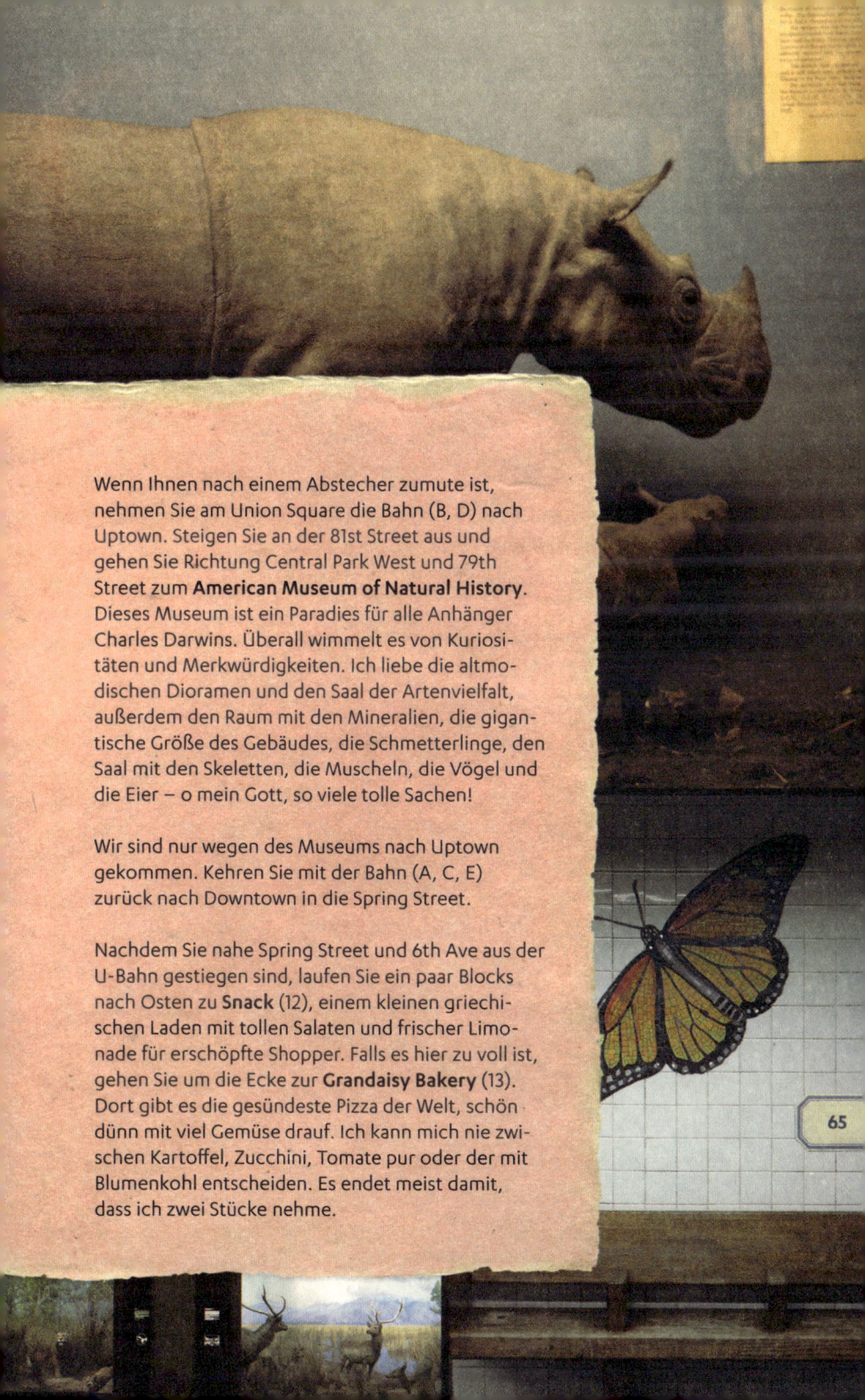

Wenn Ihnen nach einem Abstecher zumute ist, nehmen Sie am Union Square die Bahn (B, D) nach Uptown. Steigen Sie an der 81st Street aus und gehen Sie Richtung Central Park West und 79th Street zum **American Museum of Natural History**. Dieses Museum ist ein Paradies für alle Anhänger Charles Darwins. Überall wimmelt es von Kuriositäten und Merkwürdigkeiten. Ich liebe die altmodischen Dioramen und den Saal der Artenvielfalt, außerdem den Raum mit den Mineralien, die gigantische Größe des Gebäudes, die Schmetterlinge, den Saal mit den Skeletten, die Muscheln, die Vögel und die Eier – o mein Gott, so viele tolle Sachen!

Wir sind nur wegen des Museums nach Uptown gekommen. Kehren Sie mit der Bahn (A, C, E) zurück nach Downtown in die Spring Street.

Nachdem Sie nahe Spring Street und 6th Ave aus der U-Bahn gestiegen sind, laufen Sie ein paar Blocks nach Osten zu **Snack** (12), einem kleinen griechischen Laden mit tollen Salaten und frischer Limonade für erschöpfte Shopper. Falls es hier zu voll ist, gehen Sie um die Ecke zur **Grandaisy Bakery** (13). Dort gibt es die gesündeste Pizza der Welt, schön dünn mit viel Gemüse drauf. Ich kann mich nie zwischen Kartoffel, Zucchini, Tomate pur oder der mit Blumenkohl entscheiden. Es endet meist damit, dass ich zwei Stücke nehme.

Wir gehen die Bedford Street hinauf und statten **Liza Sherman Antiques** (14) einen Besuch ab. Dort reihen sich entlang der Wand über einer Werkbank Spielzeug-Sandeimer aneinander; über einem Stapel Indigostoffe schweben Pendelleuchten aus Zink. Lizas Blick für das Ungewöhnliche und ihre Kompositionen sind inspirierend. Ein paar Türen weiter befindet sich **The Lively Set** (15), wo es tolle Lampen gibt, häufig aus Metall mit handgemalten Blumen drauf. Ich habe ein Faible für Gartenmöbel, bringe aber auch gern das Draußen nach drinnen.

Als Nächstes zum **Chess Forum** (16). Dies ist ein Spezialgeschäft, das vor allem Schachspiele verkauft, von Neuheiten bis zu den Klassikern. In einem Hinterzimmer gibt es Schachbretter, an denen man vor Ort spielen kann (ich glaube, es geht um Wettbewerbe). Ich habe hier ein Reise-Backgammonspiel aus Leder gekauft, das man aufrollen kann.

Wenn Sie jetzt ein Stück Kuchen brauchen, machen Sie auf Ihrem Rückweg nach SoHo bei **Once Upon a Tart** (17) halt – ein toller Ort für einen Zuckerschub. Zwei Läden liegen direkt nebeneinander, einer to go, der andere zum Verweilen.

GIANT CLAMS
OTHER SIZES
AVAILABLE

In SoHo starten wir bei **Evolution** (18). Dort müssen Sie unbedingt das Kuriositätenkabinett im Oberge-schoss besuchen, das – in kleinerem Maßstab – dem American Museum of Natural History Konkurrenz macht. Wer seine Deyrolle-Schmetterlingssammlung restaurieren lassen möchte, kann einen Termin mit der entomologischen Abteilung auf der anderen Straßenseite vereinbaren.

Auf der anderen Straßenseite befindet sich **KIOSK** (19). Ähnlich wie in meinem Laden The Society Inc. wech-selt die Inhaberin Alisa alle paar Monate das Schwer-punktland und zeigt abwechselnd eine Auswahl an Waren aus einem bestimmten Land im Aufgang zur zweiten Etage. Der Eingang ist voller cooler Graffiti. Ich verlasse den Laden immer mit einer riesigen Tasche voll toller Sachen wie Pfeifenreinigern, Kazoos, Aluminiumklammern, James-Bond-Brillen und ande-ren verrückten und wirklich wichtigen Dingen.

Von dort aus gehen Sie einige Blocks weiter bis zu **Kiki de Montparnasse** (20). Ich liebe die Vorhänge aus Rupfen (oder Sackleinen) am Eingang. Dies ist ein luxuriöser Sexshop mit einem wunderbaren Buchsortiment – mein Favorit ist *Cowboy Kate and Other Stories* von Sam Haskins. Tolle Dessous, Masken, seidene Augenbinden, Halstücher und andere Dinge mit verschiedenen Verwendungs-möglichkeiten ...

69

Am Ende des Blocks befindet sich **Jack Spade** (21), ein schrulliger, kurioser Laden, der vor allem Schultertaschen aus Leinen, Kulturbeutel, Reisetaschen und Brieftaschen für Herren verkauft. Zwischen diesen zweckmäßig gestalteten Dingen gibt es schräge Kleinigkeiten, für die ich ein Faible habe: vierfache Gummibänder, Anleitungen zum Binden von Knoten sowie Holzspatel, auf denen zu lesen ist „Ich wurde auf einem Piratenschiff geboren".

Laufen Sie zwei Blocks weiter nach Osten zu **Pearl River** (22). Dieses chinesische Kaufhaus lag früher an der Ecke Broadway und Canal Street. Es war im Obergeschoss untergebracht und im Fall eines Feuers sicherlich ein Risiko, aber ich liebte das bunte Durcheinander, das dort herrschte. Heute ist das etwas anders, aber es gibt noch immer eine breite Palette von Kitsch bis zu Qualitätsprodukten, darunter eine interessante Porzellan- und Keramikabteilung, Papiergirlanden, chinesische Pyjamas aus Baumwolle, wie ich sie als Kind getragen habe, Blechspielzeug zum Aufziehen und Papierlaternen in Hülle und Fülle.

Gehen Sie rüber zur Crosby Street und dann südwärts zu **De Vera** (23).

De
Vera

Ursprünglich befand sich dieses Geschäft in
San Francisco. Heute ist es in einem klassischen
Downtown-Eckgebäude mit Schmiedeeisenver-
zierungen untergebracht. An der Eingangstür
empfängt Sie ein Messinggefäß, das mit echtem
Moos bewachsen ist. Und das ist erst der Anfang.
Manchmal mehr Museum als Geschäft, bergen
die gut durchdachten Verkaufsräume Kurioses,
Ungewöhnliches und Handgefertigtes. Nehmen
Sie sich Zeit und schauen Sie sich gründlich um;
Sie werden allen möglichen Objekten begegnen:
chinesischen Eisvogel-Haarnadeln, beinernen
Kämmen, verknoteten Ringen, Eiern aus Mond-
stein, abgeformten Händen und allem, was dazwi-
schenliegt.

1 Crosby St
NYC 10013
212.625.0838
www.deveraobjects.com

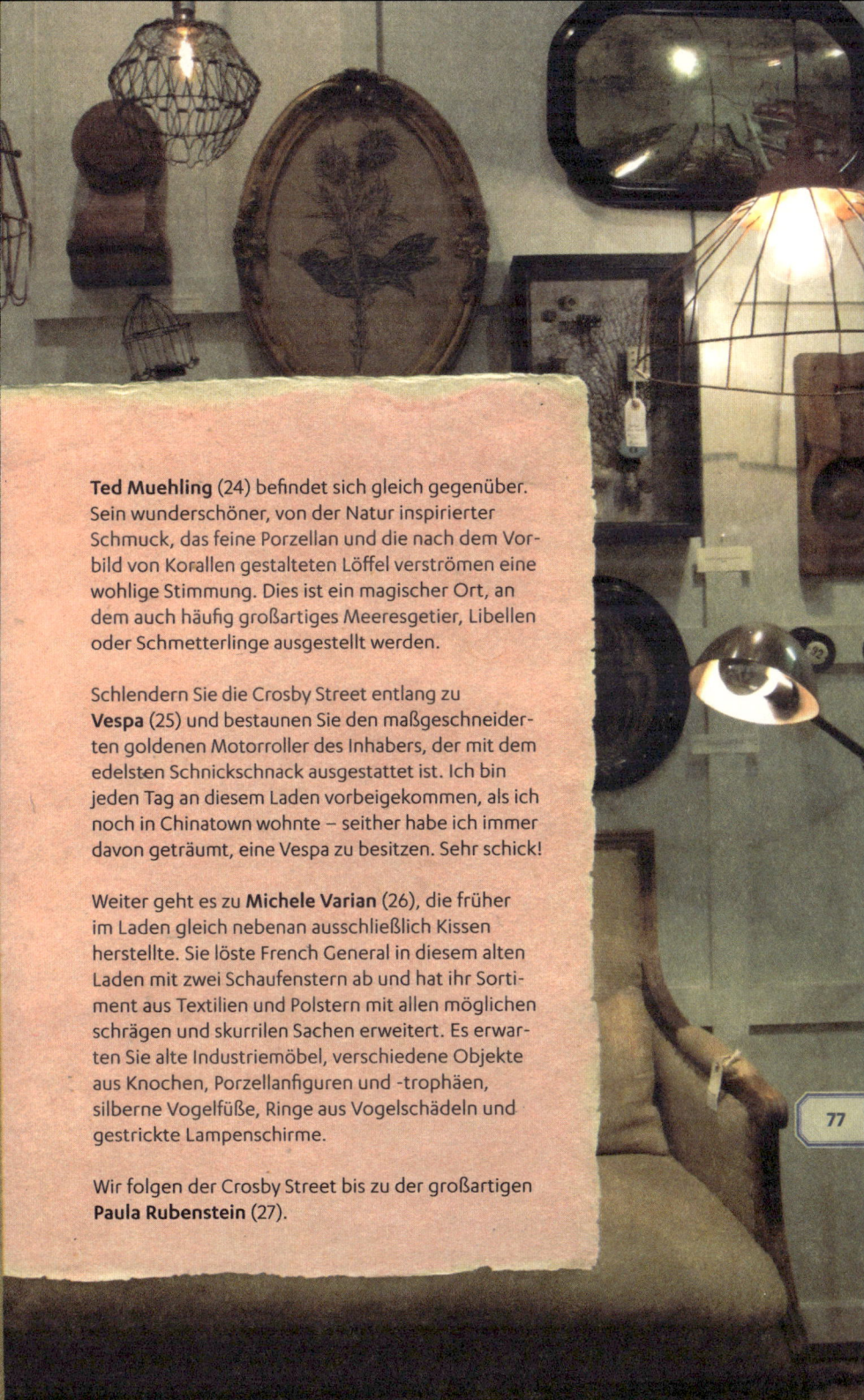

Ted Muehling (24) befindet sich gleich gegenüber. Sein wunderschöner, von der Natur inspirierter Schmuck, das feine Porzellan und die nach dem Vorbild von Korallen gestalteten Löffel verströmen eine wohlige Stimmung. Dies ist ein magischer Ort, an dem auch häufig großartiges Meeresgetier, Libellen oder Schmetterlinge ausgestellt werden.

Schlendern Sie die Crosby Street entlang zu **Vespa** (25) und bestaunen Sie den maßgeschneiderten goldenen Motorroller des Inhabers, der mit dem edelsten Schnickschnack ausgestattet ist. Ich bin jeden Tag an diesem Laden vorbeigekommen, als ich noch in Chinatown wohnte – seither habe ich immer davon geträumt, eine Vespa zu besitzen. Sehr schick!

Weiter geht es zu **Michele Varian** (26), die früher im Laden gleich nebenan ausschließlich Kissen herstellte. Sie löste French General in diesem alten Laden mit zwei Schaufenstern ab und hat ihr Sortiment aus Textilien und Polstern mit allen möglichen schrägen und skurrilen Sachen erweitert. Es erwarten Sie alte Industriemöbel, verschiedene Objekte aus Knochen, Porzellanfiguren und -trophäen, silberne Vogelfüße, Ringe aus Vogelschädeln und gestrickte Lampenschirme.

Wir folgen der Crosby Street bis zu der großartigen **Paula Rubenstein** (27).

Paula Rubenstein

Dies ist wirklich mein ultimativer Lieblingsladen in New York! Paula ist eine feste Größe auf allen Flohmärkten dieser Gegend – sie ist stilsicher und hat einen geschulten Blick. In ihrem Laden erwarten Sie verschiedenste Stoffe, darunter Drillich, indianische Teppiche, mit Naturfarben gefärbtes Leinen, Chintz, Blumenmuster und Indigo, dazu Bänder, Schaufensterpuppen, Metallbuchstaben, riesige Kordelbälle und aus Knoten geknüpfte Bälle, Sachen aus Kunstateliers, Schiffsketten, Fotos von Segelbooten, Lederbälle (sowohl medizinische als auch solche für den Sport), Bücher, Borten, Bolzen ... Erwarten Sie das Unerwartete, und alles ist Vintage!

65 Prince St
NYC 10012
212.966.8954

Jetzt geht es die Prince Street entlang und die Elizabeth Street rauf zu **Daily 235** (28), das voller verrückter, kleiner, bunter Dinge steckt. Es gibt Kerzen in vielerlei Formen, Spielzeug zum Aufziehen, Schokoladenzigaretten, Notizblöcke, kleine Haarklammern, Geschenke – alles Dinge, die einen zum Lachen bringen und an frühere Zeiten erinnern.

Dann über die Bowery zu **Leekan Designs** (29). Die Inhaberin Annie ist erst kürzlich aus SoHo hergezogen. Alles hier stammt aus Asien, darunter Textilien, Einrichtungsgegenstände, Tafelzubehör, Beleuchtung, Schmuck, Kunst und Perlen. Es wirkt wie ein absolutes Durcheinander, aber holen Sie einmal tief Luft und suchen Sie dann nach Sachen, die Ihnen gefallen. Für mich: die beeindruckende Kombination der ausgestellten Stücke, die einfachen Faltlaternen aus Stoff, die es in allen Farben gibt, und die Scrimshaw-Brieföffner.

Wenn Sie jetzt müde sind und die Tour beenden wollen, nehmen Sie einen Drink bei **Freemans** (30). Gehen Sie über die Freeman Alley in Richtung der bunten Lichter und der kunstvoll gestutzten Koniferen und betreten Sie ein fremdes Land aus schwarz getäfelten Wänden, fliegenden Gänsen, Geweihen, ein oder zwei Enten und stets fantastischen Blumenarrangements.

Ansonsten geht es über die Houston Street zu **John Derian** (31). Besuchen Sie auf jeden Fall auch sein zweites Geschäft, **John Derian Dry Goods** (32), das sich gleich nebenan befindet. Ich komme hierher, seit mich die Schwestern, denen French General gehörte, auf den Laden aufmerksam gemacht haben. Ich liebe hier jedes, aber auch wirklich jedes Teil. John hat einen Großhandel, der hauptsächlich tolle Decoupagen macht (darunter kleine Tabletts für Manschettenknöpfe und loses Wechselgeld, auf denen man lesen kann „Ich muss darauf bestehen, dass du mir meinen Kram zurückgibst") sowie Briefbeschwerer mit den tollsten Motiven. Hier stehen jedoch die kleinen Schätze im Mittelpunkt, die der schlaue John auf Flohmärkten und an anderen geheimen Orten aufspürt. Altmodische Hüte aus Papier, Leselernkarten, Muscheln, Löffel aus Perlmutt, insektenkundliche Drucke, Gemüse aus Pappmaschee, handgefertigte französische Teller, marokkanische Sitzpolster in leuchtenden Farben, mundgeblasene Gläser, Laternen, verspiegelte gläserne Pendelleuchten oder Lampen mit Klemmen, um nur ein paar Dinge zu nennen! Und dann gibt es noch diese Gemälde und Linolschnitte von Hugo Guinness von denen ich am liebsten eine ganze Wand voll hätte.

Springen Sie in ein Taxi zur 10th zwischen 1st Ave (nicht zu verwechseln mit 1st Street!) und Ave A, zu einem weiteren meiner Lieblingsläden, **Obscura** (33).

81

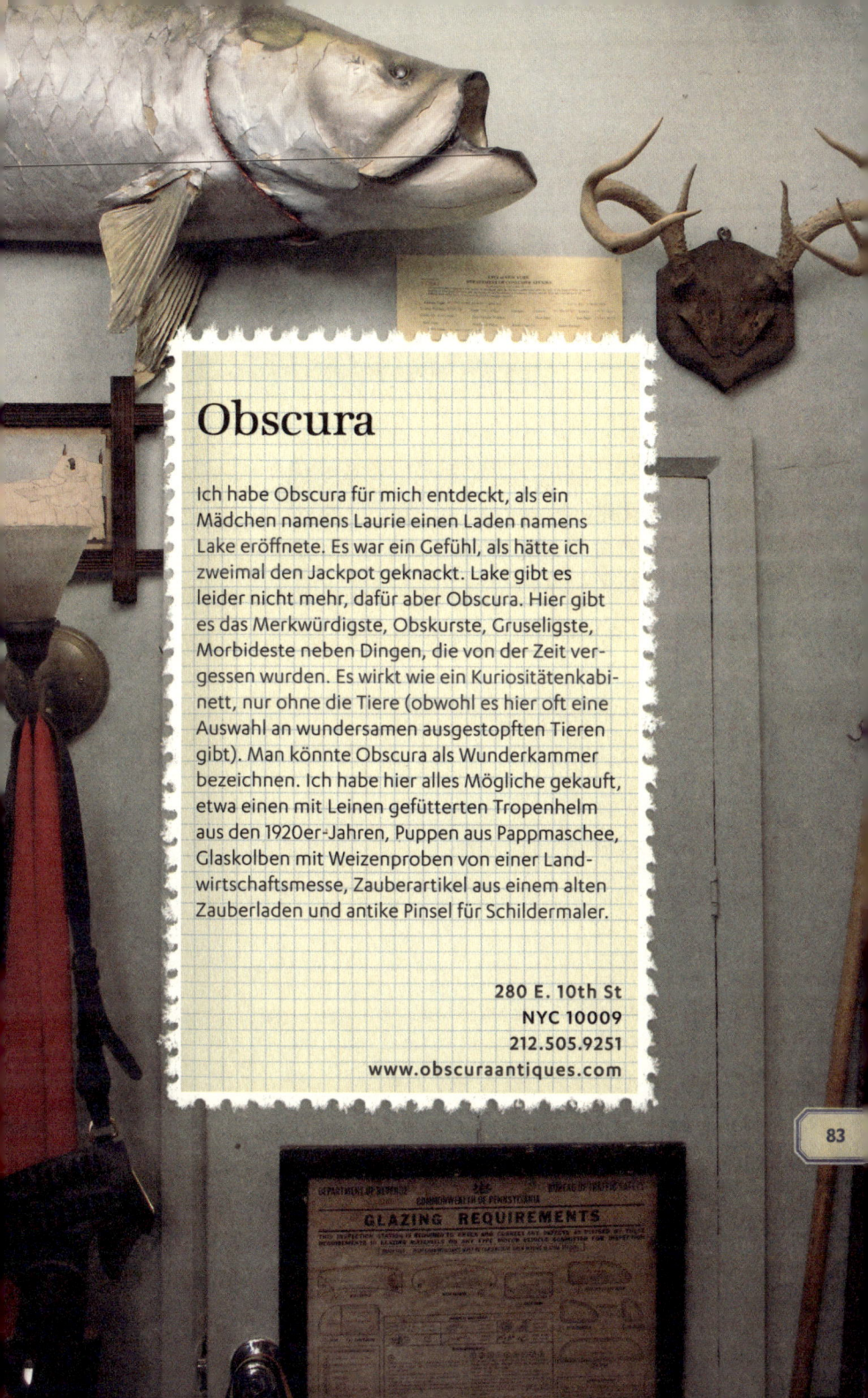

Obscura

Ich habe Obscura für mich entdeckt, als ein Mädchen namens Laurie einen Laden namens Lake eröffnete. Es war ein Gefühl, als hätte ich zweimal den Jackpot geknackt. Lake gibt es leider nicht mehr, dafür aber Obscura. Hier gibt es das Merkwürdigste, Obskurste, Gruseligste, Morbideste neben Dingen, die von der Zeit vergessen wurden. Es wirkt wie ein Kuriositätenkabinett, nur ohne die Tiere (obwohl es hier oft eine Auswahl an wundersamen ausgestopften Tieren gibt). Man könnte Obscura als Wunderkammer bezeichnen. Ich habe hier alles Mögliche gekauft, etwa einen mit Leinen gefütterten Tropenhelm aus den 1920er-Jahren, Puppen aus Pappmaschee, Glaskolben mit Weizenproben von einer Landwirtschaftsmesse, Zauberartikel aus einem alten Zauberladen und antike Pinsel für Schildermaler.

280 E. 10th St
NYC 10009
212.505.9251
www.obscuraantiques.com

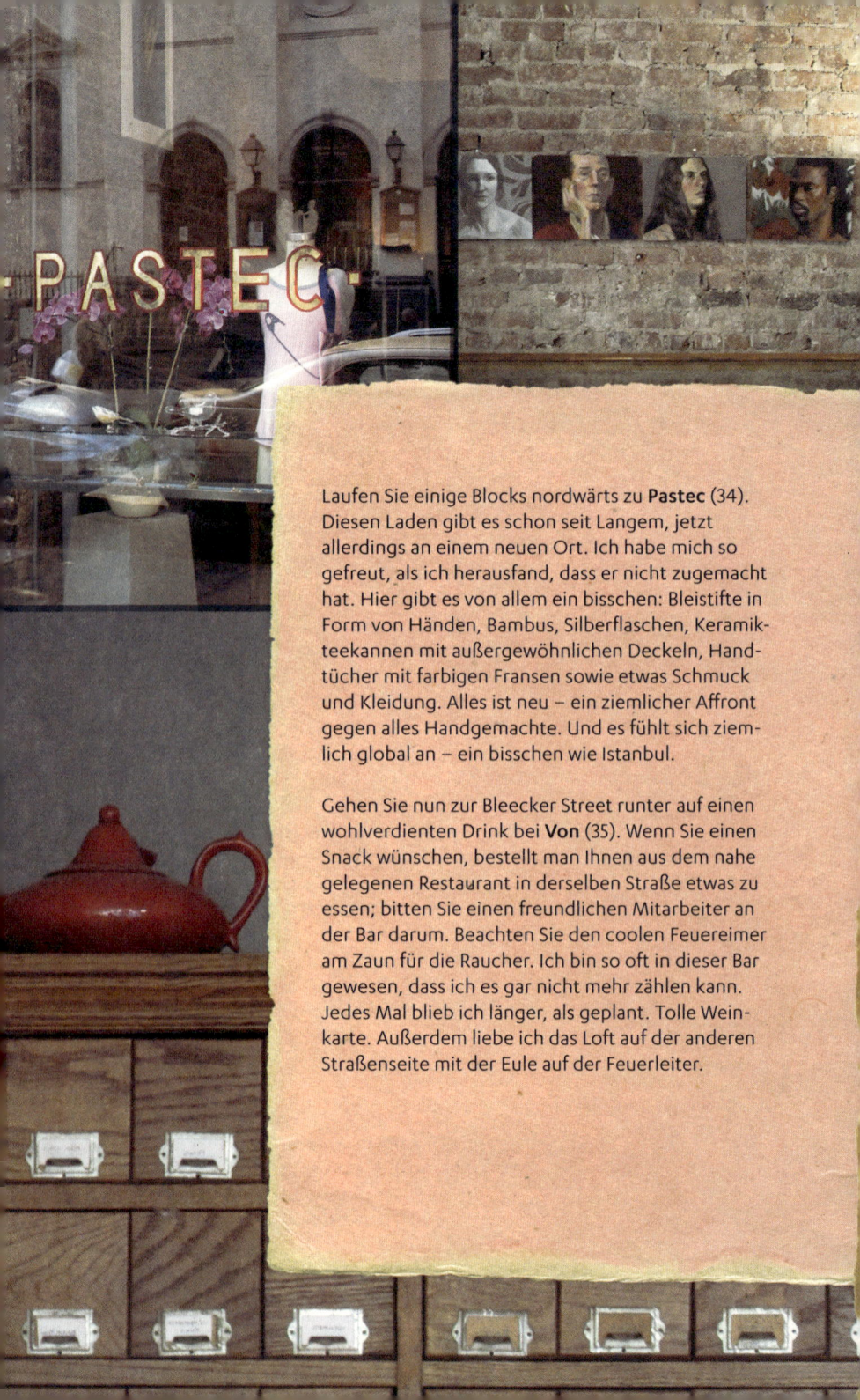

Laufen Sie einige Blocks nordwärts zu **Pastec** (34). Diesen Laden gibt es schon seit Langem, jetzt allerdings an einem neuen Ort. Ich habe mich so gefreut, als ich herausfand, dass er nicht zugemacht hat. Hier gibt es von allem ein bisschen: Bleistifte in Form von Händen, Bambus, Silberflaschen, Keramik-teekannen mit außergewöhnlichen Deckeln, Hand-tücher mit farbigen Fransen sowie etwas Schmuck und Kleidung. Alles ist neu – ein ziemlicher Affront gegen alles Handgemachte. Und es fühlt sich ziem-lich global an – ein bisschen wie Istanbul.

Gehen Sie nun zur Bleecker Street runter auf einen wohlverdienten Drink bei **Von** (35). Wenn Sie einen Snack wünschen, bestellt man Ihnen aus dem nahe gelegenen Restaurant in derselben Straße etwas zu essen; bitten Sie einen freundlichen Mitarbeiter an der Bar darum. Beachten Sie den coolen Feuereimer am Zaun für die Raucher. Ich bin so oft in dieser Bar gewesen, dass ich es gar nicht mehr zählen kann. Jedes Mal blieb ich länger, als geplant. Tolle Wein-karte. Außerdem liebe ich das Loft auf der anderen Straßenseite mit der Eule auf der Feuerleiter.

Schr
Eise

nuck &

waren

25. Jamin Puech / 14 Prince St
26. B4 It Was Cool / 89 E. Houston St
27. Freemans / Rivington zwischen Bowery und Chrystie

89

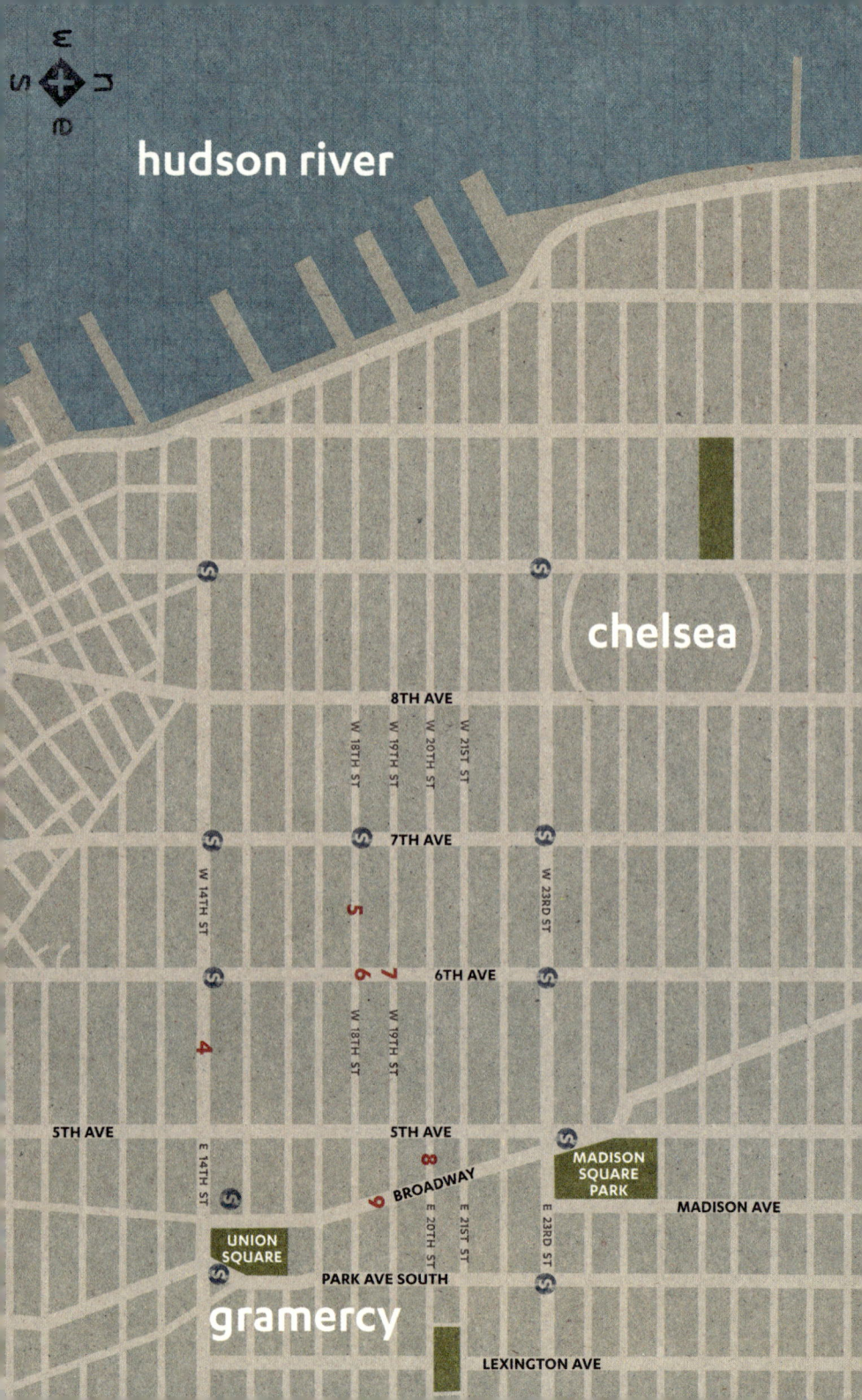

MAP.01

Diese Tour eignet sich besser für Werktage.

Beginnen Sie im **Metalliferous** (1), das schon um 8.30 Uhr öffnet. In New York steht man normalerweise später auf, was vielleicht den Nachtschwärmern geschuldet ist. Dieser Laden ist das organisierte Chaos, und es macht Spaß, sich hindurchzuwühlen. Es gibt praktisch alles, was Sie brauchen, um selbst Schmuck oder Dekorationen zu basteln, jedes Werkzeug, dazu noch Ketten, Klammern, Nadeln, Anhänger und vieles mehr. Beachten Sie die Regeln: Geben Sie Ihre Tasche an der Theke ab, schnappen Sie sich eine bunte Schachtel mit vielen transparenten Tüten sowie einem Stift und schreiben Sie die Codes, Mengen und Preise auf die befüllten Tüten.

PTO MAP.02

7TH AVE

BROADWAY

6TH AVE

6TH AVE

W 45TH ST

W 46TH ST

W 49TH ST

W 50TH ST

W 51ST ST

BRYANT PARK

garment district

5TH AVE

5TH AVE

E 42ND ST

E 47TH ST

E 48TH ST

E 49TH ST

1

2

3

MADISON AVE

PARK AVE

LEXINGTON AVE

CHAMBERS ST

BROADWAY

EIN FOTOSET AUFBAUEN

Diese Läden verkaufen und ver-
leihen alles, was Sie brauchen, um
ein Set für Ihr neuestes Magazin
oder Ihre aktuelle Werbekampagne
aufzubauen und zu fotografieren:

* The Set Shop
* Prince Lumber
* AKA Locations
* Milk Studios
* Jamali

east river

hudson river

WEST ST

N.MOORE ST

GREENWICH ST

CANAL ST

HUDSON ST

HUDSON ST

VARICK ST

FRANKLIN ST

10

11 VESTRY ST

soho

6TH AVE

tribeca

12

W BROADWAY

BROOME ST

SPRING ST

WASHINGTON SQUARE PARK

WHITE ST

CHURCH ST

WOOSTER ST

GREENE ST

WEST HOUSTON ST

LEONARD ST

13

14 **15**

FRANKLIN ST

CANAL ST

GRAND ST

21

MERCER ST

PRINCE ST

BLEECKER ST

18 19

HOWARD ST

20

BROADWAY

CROSBY ST

LAFAYETTE ST

E 2ND ST

16

17

LAFAYETTE ST

22 23

24 25

BOWERY

MULBERRY ST

MOTT ST

little
italy

ELIZABETH ST

26

E 1ST ST

E 3RD ST

nolita

HESTER ST

GRAND ST

BOWERY

27

CHRYSTIE ST

east
village

SARA D ROOSEVELT PARK

DELANCEY ST

RIVINGTON ST

EAST HOUSTON ST

93

Gehen Sie die 5th Ave nach Norden rauf zur 49th Street. Biegen Sie links ab und gönnen Sie sich eine Erfrischung in der Filiale von **Dean & DeLuca** (2). Meiden Sie besser den Kaffee; vielleicht nehmen Sie grünen Tee und ein Croissant, um die Zeit bis zum Mittagessen zu überbrücken.

Überqueren Sie die Straße, um zum Flagship-Store von **Anthropologie** (3) am Rockefeller Center zu gelangen. Achten Sie beim Eintreten auf das Vordach im Stil eines alten Kinos und auf die viel gerühmten, fantastischen Schaufenster. Ich halte mich hier immer links, wo sich die Einrichtungsabteilung befindet. Es gibt hier eine große Vielfalt an Schubladenknöpfen, Haken und Ähnlichem. Die Aufmerksamkeit, die hier jedem geschenkt wird, und die besonders ambitioniert gestalteten Schaufenster und Schaukästen sind eine Inspiration. Es ist erlaubt, Fotos zu machen, aber Sie sollten vorher zur Sicherheit fragen. Achten Sie auf Ihrem Weg nach draußen auf die Galerie am Vordereingang, wo in rund sechs Ausstellungen jährlich angesagte Künstler und Kunsthandwerker aus der ganzen Welt vorgestellt werden. Ich selbst habe hier im Mai 2010 eine Installation zeigen dürfen („Into the Lighthouse"), zeitgleich mit der Ausstellung „Man shops Globe" von Keith Johnson.

Nehmen wir die Bahn von der 50th und 7th Ave Station (1, 2, 3) nach Downtown zur 14th Street und zu **Lighting & Beyond** (4). Nachdem ich mich von meinem Freund getrennt hatte, der Elektriker war (er arbeitete beim Film), habe ich mir grundlegende elektrische Fertigkeiten beigebracht. Ich liebe es, all die Einzelteile zu kaufen, um meine eigenen Hänge-lampen zu basteln. Hier bekommen Sie die Fassung, das mit Stoff ummantelte Kabel, den Dimmer, die Klammer für die Glühbirne, den Schirm und den Schalter. All dies gibt es in einer Vielzahl von Model-len. Basteln Sie selbst ein Lampe, machen Sie sie individuell, aber hüten Sie sich vor Stromschlägen!

Wenn Sie die 6th Ave zur 18th Street hochlaufen und links abbiegen, stehen Sie vor **West Elm** (5) – billig, fröhlich, aber nur wenig spektakulär. Ich kaufe dort die Halter für Vorhangstangen, die ich dann für Geländer aus Tauen zweckentfremde.

Richtung Osten an der 6th Ave liegt **Bed Bath & Beyond** (6). Es ist riesig und hässlich und ganz ohne Pep – aber es gibt alle Basics, die Sie brauchen. Gehen Sie direkt zur Abteilung mit Kleiderbügeln (die karamellbraunen, samtigen sind toll für Kleider; es gibt sie auch in Kindergrößen) und zu den Haken mit Kugellagern für Duschvorhänge.

Auf der anderen Straßenseite befindet sich **The Container Store** (7). Ich bin kein besonderer Freund dieser Kette, aber es gibt hier eine große Auswahl an Taschen und Schachteln in ungewöhnlichen Formen, Haken sowie riesige Gummibänder und vielerlei anderen Krimskrams.

Gehen Sie Richtung 5th zu **Waterworks** (8). Ich erinnere mich gut an das erste Mal, als ich hier reinkam und sofort begeistert war von den Badezimmerausstattungen. Tolle Arrangements im Laden – und das Beste ist, sie liefern weltweit! Es gibt eine große Auswahl an Fliesen, Duschköpfen und Wasserhähnen und die verschiedensten Accessoires.

Dann geht es weiter zu **Canopy Designs** (9) bei ABC Carpet & Home: schnörkelige, ungewöhnliche Kerzenleuchter und Wandleuchten. Ich komme mir zwischen all diesen fantastischen Leuchten vor wie Marie Antoinette. Besonders liebe ich den perlenbesetzten Schiffsleuchter. Nehmen Sie sich außerdem Zeit, das große Schmucksortiment zu bestaunen.

Jetzt ist Zeit fürs Mittagessen!

Wir fahren mit dem Taxi zu **Smith & Mills** (10).

97

Smith & Mills

Hier finden Sie eines meiner liebsten Interieurs: Gekalkte hellblaue Wände, flexible Industrieleuchten, mit Leinen bezogene Polsterbänke, eine mit Zink beschlagene Bar – ich achte hier eigentlich kaum noch auf das Essen, aber auch das entpuppt sich immer wieder als großartig. Ein versteckter, sonniger und liebenswerter Ort. Es gibt kein Schild, und die Tür könnte verschlossen sein, aber seien Sie nicht schüchtern! Stoßen Sie sie einfach mit ein wenig Kraft auf und gehen Sie gleich Ihre Hände waschen, auch wenn das nur als Vorwand dient, um die supercoole Toilette zu sehen. Dieser Laden ist so unglaublich raffiniert.

71 N. Moore St
NYC 10013
212.226.2515
www.smithandmills.com

Vier Blöcke weiter befindet sich **Schoolhouse Electric** (11). Ich liebe schon das Logo! Der Laden liegt in einer kopfsteingepflasterten Straße und wirkt wie aus einer anderen Zeit, die Wände sind mit Holz getäfelt, Pressglasleuchten hängen von der Decke. Es sind allerlei fertige Leuchten ausgestellt, aber man wird auch gerne Ihre Bestellung nach Wunsch entgegennehmen. Es gibt viele Edison-Glühbirnen.

Wenden Sie sich nach Süden zu **Urban Archeology** (12), das geradezu überquillt vor Objekten aus alten Ladeneinrichtungen, Steingut, marmornen Badewannen und Waschbecken, Eisenwaren, riesigen Laternen und ausgefallenem Industrieinventar. Das meiste wurde für Kaufhäuser oder Lofts produziert. Die Dimensionen hier sind riesig!

In derselben Straße liegt auch **Steven Alan** (13), mit seinem tollen Interieur aus alter Ladeneinrichtung und coolen Industrieteilen. Er hat es geschafft, dass ein einfaches Männerhemd und eine sagenhafte Auswahl an Damenschmuck – viel feines Gold – zu meinen Lieblingen wurden. Außerdem führt er das beste Reisegepäck der Welt – Filson aus Seattle. Hier kann das Abenteuer beginnen. Oh, und die gestreiften, besonders großen Handtücher für 50 Dollar muss man haben. Schwer, nur eines auszuwählen.

101

103

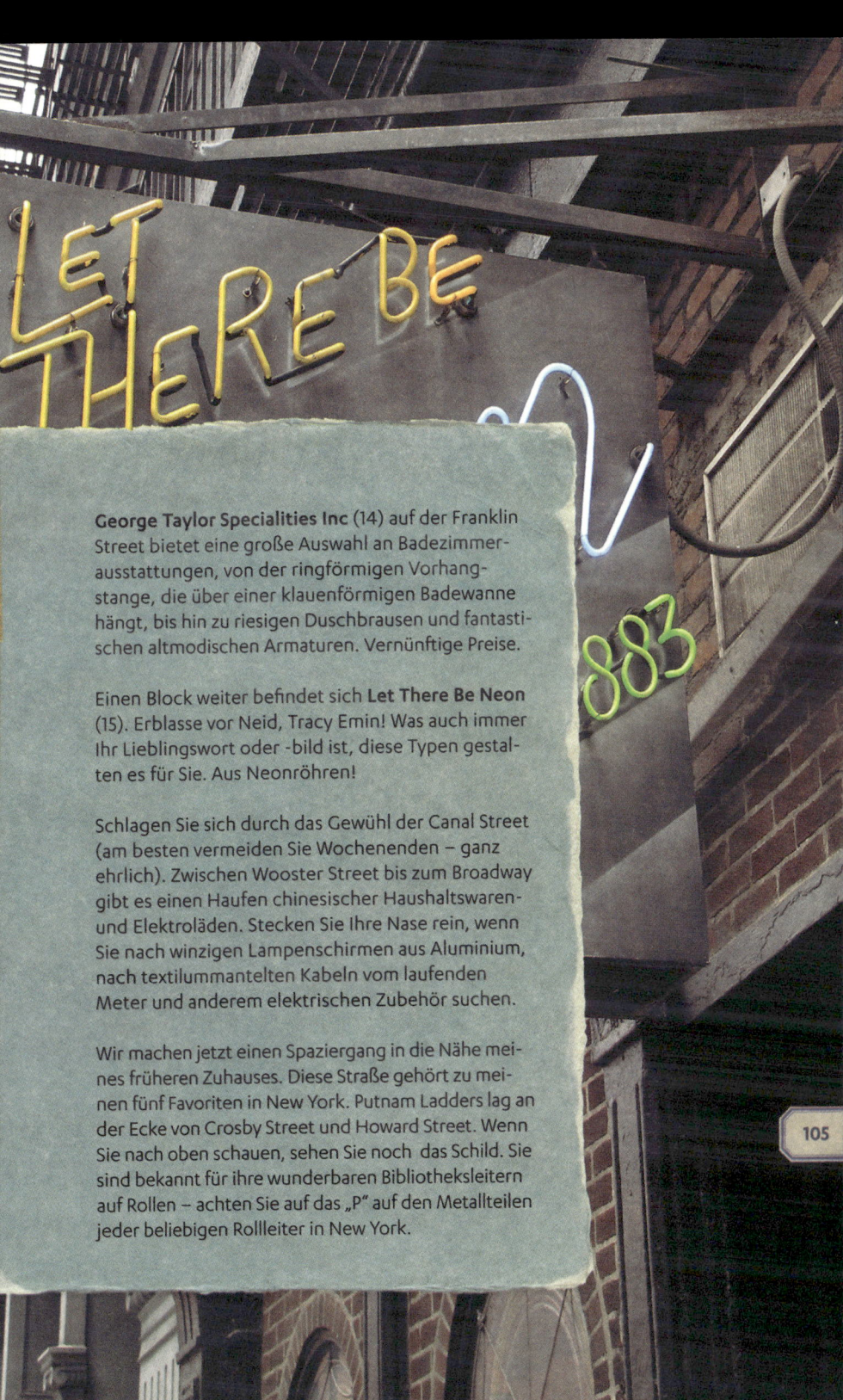

George Taylor Specialities Inc (14) auf der Franklin Street bietet eine große Auswahl an Badezimmer-ausstattungen, von der ringförmigen Vorhang-stange, die über einer klauenförmigen Badewanne hängt, bis hin zu riesigen Duschbrausen und fantasti-schen altmodischen Armaturen. Vernünftige Preise.

Einen Block weiter befindet sich **Let There Be Neon** (15). Erblasse vor Neid, Tracy Emin! Was auch immer Ihr Lieblingswort oder -bild ist, diese Typen gestal-ten es für Sie. Aus Neonröhren!

Schlagen Sie sich durch das Gewühl der Canal Street (am besten vermeiden Sie Wochenenden – ganz ehrlich). Zwischen Wooster Street bis zum Broadway gibt es einen Haufen chinesischer Haushaltswaren- und Elektroläden. Stecken Sie Ihre Nase rein, wenn Sie nach winzigen Lampenschirmen aus Aluminium, nach textilummantelten Kabeln vom laufenden Meter und anderem elektrischen Zubehör suchen.

Wir machen jetzt einen Spaziergang in die Nähe mei-nes früheren Zuhauses. Diese Straße gehört zu mei-nen fünf Favoriten in New York. Putnam Ladders lag an der Ecke von Crosby Street und Howard Street. Wenn Sie nach oben schauen, sehen Sie noch das Schild. Sie sind bekannt für ihre wunderbaren Bibliotheksleitern auf Rollen – achten Sie auf das „P" auf den Metallteilen jeder beliebigen Rollleiter in New York.

105

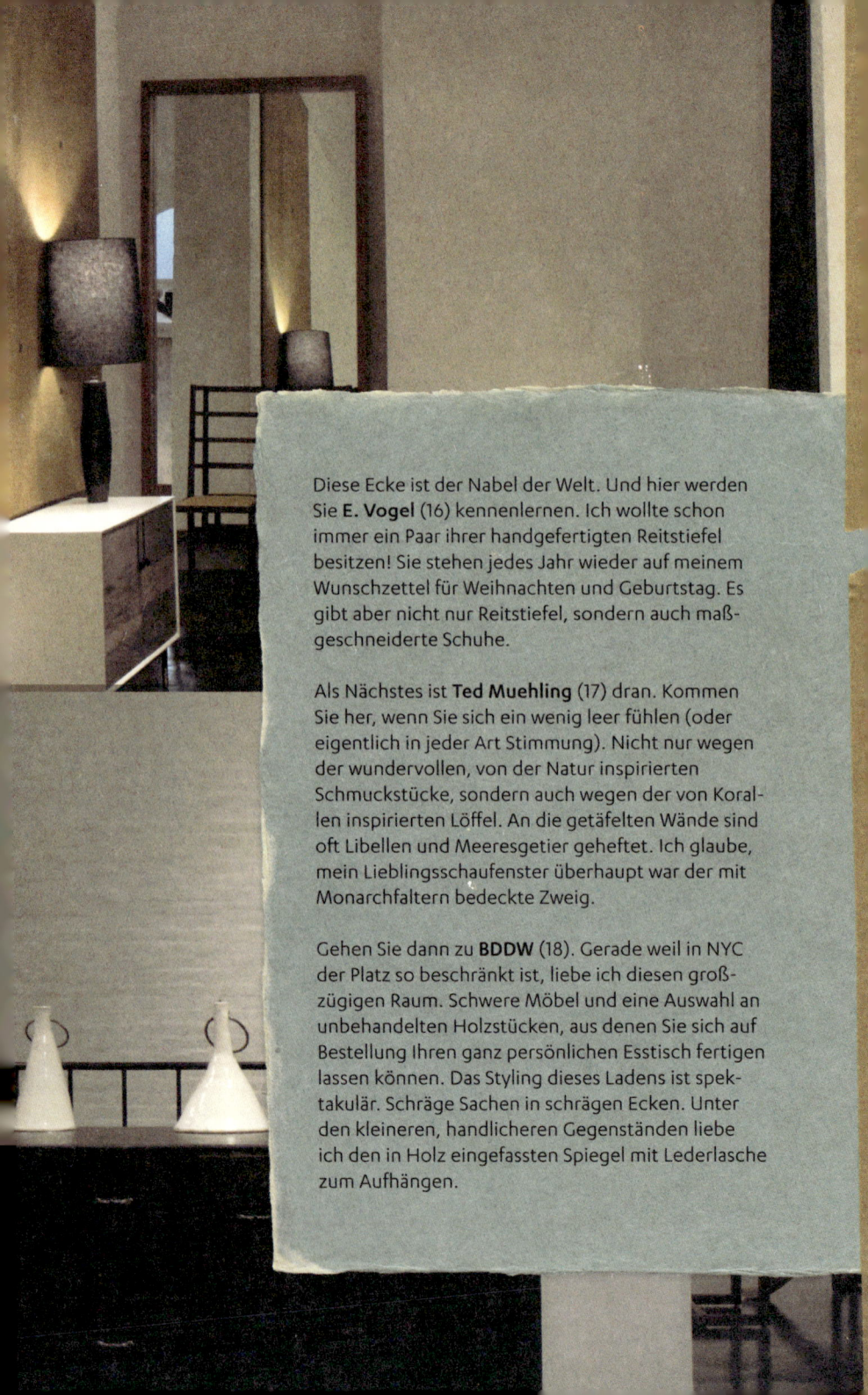

Diese Ecke ist der Nabel der Welt. Und hier werden Sie **E. Vogel** (16) kennenlernen. Ich wollte schon immer ein Paar ihrer handgefertigten Reitstiefel besitzen! Sie stehen jedes Jahr wieder auf meinem Wunschzettel für Weihnachten und Geburtstag. Es gibt aber nicht nur Reitstiefel, sondern auch maß-geschneiderte Schuhe.

Als Nächstes ist **Ted Muehling** (17) dran. Kommen Sie her, wenn Sie sich ein wenig leer fühlen (oder eigentlich in jeder Art Stimmung). Nicht nur wegen der wundervollen, von der Natur inspirierten Schmuckstücke, sondern auch wegen der von Koral-len inspirierten Löffel. An die getäfelten Wände sind oft Libellen und Meeresgetier geheftet. Ich glaube, mein Lieblingsschaufenster überhaupt war der mit Monarchfaltern bedeckte Zweig.

Gehen Sie dann zu **BDDW** (18). Gerade weil in NYC der Platz so beschränkt ist, liebe ich diesen groß-zügigen Raum. Schwere Möbel und eine Auswahl an unbehandelten Holzstücken, aus denen Sie sich auf Bestellung Ihren ganz persönlichen Esstisch fertigen lassen können. Das Styling dieses Ladens ist spek-takulär. Schräge Sachen in schrägen Ecken. Unter den kleineren, handlicheren Gegenständen liebe ich den in Holz eingefassten Spiegel mit Lederlasche zum Aufhängen.

107

Lefroy Brooks (19) ist das Richtige, wenn Ihr Bade-zimmer der Hingucker Ihres Lofts sein soll. Achten Sie auf die tiefschwarze Badewanne mit silbernen Klauenfüßen, die klassischen Armaturen und die Griffe der riesigen Türen des Showrooms. Tolles Logo!

Biegen Sie auf der Broome Street nach links ab. Noch vor dem Broadway sehen Sie **OK Hardware** (20). Dies war zehn Jahre lang mein nächstgelegener Eisenwarenladen. Sie finden hier Leinen und Leder, Werkzeugtaschen von Klein, handgeschmiedete Messingnägel (toll zum Aufspannen von Leinwän-den), Papierschablonen, Pinsel von Purdy und all die anderen abgefahrenen, sehr amerikanischen Dinge. Ich liebe amerikanische Eisenwarenläden!

Folgen Sie der Broome Street weiter zu **Ochre** (21). Abgesehen davon, dass dies ein weiteres umwerfen-des Geschäft ist, gibt es hier fantastische Schubladen-knöpfe aus Horn in allen Längen und Größen. Der Laden gehört meinem Freund Andrew. Er macht es einem leicht, das eigene Heim ganz ohne Innenar-chitekten aufzuhübschen. Neu gepolsterte Stücke zu fairen Preisen mischen sich unter Vintagefundstücke aus Amerika und Europa. Andrew präsentiert seine Auswahl an Möbeln, Leuchten, Spiegeln und Eisen-waren zusammen mit Porzellan, mundgeblasenen Gläsern, Holzschnitzereien, handgeschmiedeten Scheren und anderen lebensnotwendigen Dingen.

Auf einen Sprung von SoHo rüber nach Nolita: Sie treffen auf die Prince Street und werden meinen New Yorker Lieblingsladen betreten, **Paula Rubenstein** (22). Dort erwarten Sie unerwartete Fundstücke von Flohmärkten. Grüßen Sie Paula, Keith und Dan herzlich von mir und machen Sie keine Fotos, ohne vorher um Erlaubnis zu bitten. Viel Spaß!

Gehen Sie auf der Prince Street nach Osten und versäumen Sie nicht, einen Blick nach links in die immer wieder beeindruckenden Schaufenster von **E. R. Butler** (23) zu werfen. Diese Firma hat Ted Muehlings zauberhafte Kerzenhalter zu wirklich sehenswerten Stillleben arrangiert. Ich war noch nie im Laden selbst, mir genügt es schon, die regelmäßig wechselnden Schaufensterdekorationen anzusehen, für die sogar die Fensterrahmen passend gestrichen werden.

Schauen Sie an der Ecke der Mott Street in die Schaufenster von **RRL** (24), einer Ralph-Lauren-Marke. Die Requisiten im echten RL-Stil sind toll.

Gleich ist es Zeit für eine Pause und einen Drink, denn das war ein wirklich langer Tag – nur noch zwei Stopps. Gehen Sie weiter nach Osten und nehmen Sie sich die Zeit, bei **Jamin Puech** (25) Ihre nächste Handtasche auszusuchen. Danach geht es die Houston Street rauf zu **B4 It Was Cool** (26).

Jamin Puech

Dies ist das Geschäft meiner Wahl für Handtaschen – der Laden war nur einen Steinwurf
weit von meiner damaligen Wohnung entfernt. Meine Freundin Edwina hat mich süchtig
gemacht. Mehr als zehn Jahre lang bin ich dieser
Marke treu geblieben, und jede Tasche fühlt sich
an, als wäre sie ein Unikat. Herrlich gearbeitet,
spürbares Handwerk, verziert, gefüttert und
immer wieder überraschend. Unterschiedlichste
Materialien: Leder, Pailletten, Zierflicken aus Fell,
Accessoires aus Perlmutt, Holzperlen, Naturfasern, beinerne Haken usw. Ich habe ein paar
Modelle für den Alltag, einige für besondere
Anlässe und ein paar nur für abends – und jede
Einzelne ist unfassbar schön.

14 Prince St
NYC 10012
212.431.5200
www.jamin-puech.com

B4
It Was
Cool

Wenn Sie Vintageelektroartikel genauso lieben
wie ich, wird Sie diese Höhle voller Leuchten
im Stil MacGyvers beeindrucken. Die meisten
stammen aus amerikanischer Produktion und
sind oft in ihrer originalen Form belassen, es
gibt aber auch umgerüstete. Der Inhaber Gadi
Gilan braucht etwas Zeit, um warm zu werden,
aber wenn er Ihre Leidenschaft spürt, werden
Sie ins Untergeschoss eingeladen. Wenn Sie sich
in so viele Stücke verlieben wie ich – Gadi liefert
sie Ihnen auch. Sie brauchen nur neue Glühbir-
nen und einen guten Elektriker, der die Stecker
auswechselt.

89 E. Houston St
NYC 10012
212.219.0139
www.b4itwascool.com

Der letzte Stopp dieser Tour ist bei **Freemans** (27) gleich neben Freemans Sporting Club. Gehen Sie bis ans Ende der Allee auf die bunten Lichter zu, vorbei an ein paar ziemlich großartigen Beispielen für Streetart, und betreten Sie eine fremde Welt. Wenn ich hier bin, fühle ich mich wie im tiefsten Irland – oder zumindest wie irgendwo in Europa. Ich entspanne mich an der Bar bei einem heißen Grog oder einem Glas Sancerre (je nach Jahreszeit) und einigen Würstchen im Schlafrock. Übrigens – wenn Sie sich zum Abendessen setzen wollen, lassen Sie sich nicht durch das langsame Hereintröpfeln der Leute vor 19 Uhr täuschen. Ab 19.30 Uhr ist jeder Tisch besetzt, und die Wartezeit kann Stunden betragen. Nach echter New-York-Manier nimmt man jedoch nicht Platz, bevor die Tischgesellschaft vollzählig versammelt ist.

Mode &
Textilien

123

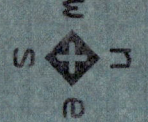

hudson river

WEST ST

10TH AVE

15

W 15TH ST

W 16TH ST

9TH AVE

WEST ST

GANSEVOORT ST

LITTLE W 12TH ST

17

16

14

W 13TH ST

W 14TH ST

west village

8TH AVE

MAP.01

Machen Sie diese Tour am besten an einem Werktag. Oder am frühen Sonntagmorgen. Ich glaube aber, dass Sie an Werktagen mehr Spaß haben werden – dann läuft der Fashion District auf Hochtouren.

Der Fashion District reicht etwa von der 34th bis zur 41th Street zwischen der 5th und der 8th Avenue. Man fängt hier früh an, die meisten Läden öffnen gegen 8.30 Uhr.

Lassen Sie uns mit einem weiteren meiner Lieblingsläden beginnen, **Tinsel Trading Co** (1).

UNION SQUARE

PTO MAP.02

FIBRE C...

20 % W...
5 %...ESSED WOOL
50...ON
10...ON
...HER

BALLSTO...
KNITTING C...

Suite de la 6. Famille.

INDIGO BLUES

Diese Läden teilen meine Leidenschaft für diese Farbe und diesen Stoff.

* 45 rpm
* Liza Sherman
* Sri Threads
* Earnest Sewn
* Paula Rubenstein
* John Robshaw
* John Derian'
* Chelsea Antiques Garage
* ABC Carpet & Home
* Amaridian
* Habu
* Kremer Pigments

hudson river

soho

tribeca

6TH AVE

SULLIVAN ST

THOMPSON ST

W BROADWAY

CANAL ST

WOOSTER ST

CHURCH ST

BROOME ST

SPRING ST

PRINCE ST

WEST HOUSTON ST

WASHINGTON SQUARE PARK

18
19
20

22   21

GREENE ST   23

MERCER ST

GRAND ST

BROADWAY

CROSBY ST

25

LAFAYETTE ST   24   LAFAYETTE ST

MULBERRY ST

MOTT ST

E 2ND ST

E 3RD ST

BOWERY   26

3RD AVE

E 4TH ST

E 5TH ST

little
italy

nolita

EAST HOUSTON ST

2ND AVE

east
village

SARA D ROOSEVELT PARK

127

Tinsel Trading Co

Marcia führt dieses Geschäft und sie taucht häufig tief in die Warenvorräte ein, die schon ihr Großvater angesammelt hat. Ihre Geschichte ist faszinierend – ich empfehle Ihnen, Kaari Mengs *Treasured Notions* zu lesen, das die ganze Geschichte in Worten und Bildern erzählt. Sie wissen inzwischen, dass ich ein Faible für Kurz- und Eisenwaren habe – hier komme ich absolut auf meine Kosten. Altmodische Kurzwaren: samtene Blumen für Putzmacherinnen, gefärbte Federn, Glitzerbuchstaben, Metallgarn, riesige Troddeln, Bänder, Blumen aus Krepppapier, Fransen, Kämme, Knöpfe, Girlanden, Ornamente und so viele andere Schätze. Es gibt auch eine echte Putnam-Rollleiter – Sie sehen sie auf der nächsten Seite! (Siehe auch Seite 105.)

1 W. 37th St
NYC 10018
212.730.1030
www.tinseltrading.com

129

Ich zeige Ihnen meine Lieblinge, aber dieser Distrikt ist voll von faszinierenden Applikationen, Zierborten, Tressen, Bändern, Perlen, Geweben und allerlei Blendwerk. Man wird leicht von glänzenden, hübschen Sachen abgelenkt. Zögern Sie also nicht, ganz nach Ihren Wünschen Läden zu erkunden.

Meine Mutter hat den Grundstein für meine Perlensammlung gelegt, da war ich etwa vier Jahre alt. Bei **Toho Shoji** (2) werde ich ganz aufgeregt: winzige Perlen in winzigen Flaschen in allen erdenklichen Farben und Formen. Außerdem gibt es Ketten aller Art, Kiltnadeln und alle Arten von Schmuckverschlüssen.

M & J Trimming (3) bietet Tressen, Bänder, Knöpfe, Perlen, Pailletten, Lederriemen, federbesetzte Borten, Zickzackbordüren, Flicken, Griffe für Handtaschen, Strasssteine. Ein perfekt organisiertes Paradies. Hilfsbereites Personal, doch rechnen Sie damit, hier ein wenig mehr zu bezahlen.

Bei **Hyman Hendler & Sons** (4) finden Sie alte und neue Bänder aus aller Welt: Militärisches, doppelseitige französische Seide, Tarlatan, Besticktes, Gepunktetes, Baumwolle, Viskose. Ich verlasse den Laden nie, ohne eine Auswahl an Bändern zu kaufen, die ach so wunderbar zusammenpassen. Fragen Sie nach dem Schildchen, das dem Band beiliegt, von dem man die gewünschte Meterzahl abschneidet — es ist immer perfekt gealtert.

Steinlauf and Stoller (5) ist ein alteingesessener Zulieferer der Modeindustrie. Hier erhält man Nähmaschinenfüße, allerlei Haken und Ösen, Ellen zur Stoffabmessung, Stecknadeln, Reißverschlüsse, Schneiderscheren und Ähnliches.

Eine preiswerte Alternative für Borten und Tressen, Reißverschlüsse und Applikationen bietet **Daytona Trimming** (6). Es handelt sich um die günstige Version von Tinsel Trading. Billig, farbenfroh und voll mit inspirierendem Krimskrams, um langweilige T-Shirts, Kissenbezüge oder Vorhänge aufzupeppen.

Hunderte und Aberhunderte Arten von Spitze, präsentiert auf farbigen Paletten, vom Boden bis unter die Decke, gibt es bei **Lace Star** (7). Ein bisschen Bollywood, ein bißchen Traumhochzeit. Ich wünschte, ich wüsste mehr über Spitze. Sie ist wunderschön, kostbar, luxuriös, ob mit Perlen verziert, veredelt, von Hand gefärbt oder mit Swarovski-Steinen besetzt – und immer aus Baumwolle.

New York Elegant Fabrics (8) ist mein bevorzugter Laden für Wolle am laufenden Meter, Kaschmir, Wildseide, Leinen, Seersucker, Spitze, Organdy, gestreiften Hemdenstoff, Mohair, mit Perlen und Pailletten besetzte, bedruckte Baumwollstoffe, durchbrochene Muster, Seide, Moiré und jeden Stoff, den man braucht, um jedes beliebige Kleidungsstück zu nähen. Ich habe immer die Hinter-

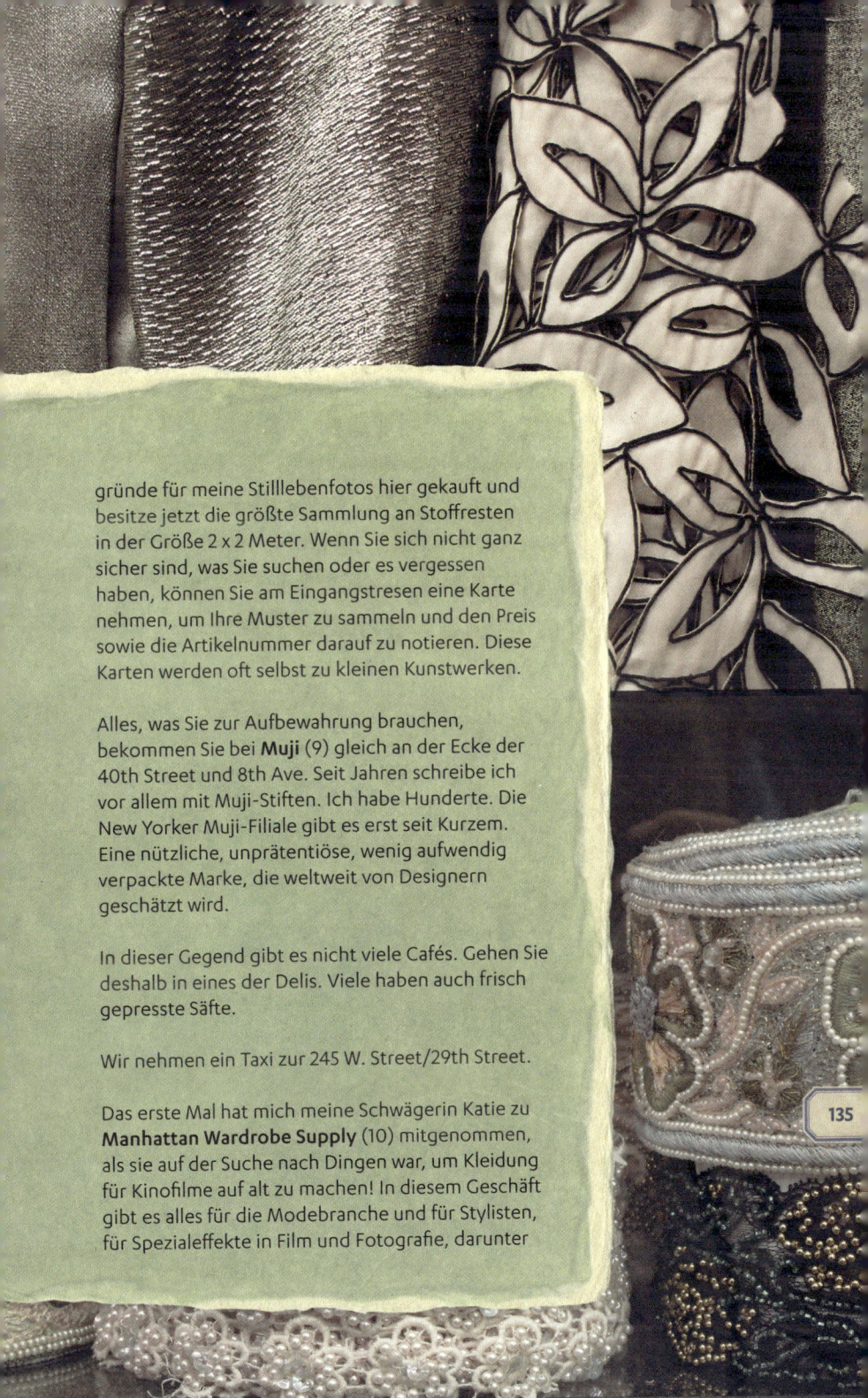

gründe für meine Stilllebenfotos hier gekauft und besitze jetzt die größte Sammlung an Stoffresten in der Größe 2 x 2 Meter. Wenn Sie sich nicht ganz sicher sind, was Sie suchen oder es vergessen haben, können Sie am Eingangstresen eine Karte nehmen, um Ihre Muster zu sammeln und den Preis sowie die Artikelnummer darauf zu notieren. Diese Karten werden oft selbst zu kleinen Kunstwerken.

Alles, was Sie zur Aufbewahrung brauchen, bekommen Sie bei **Muji** (9) gleich an der Ecke der 40th Street und 8th Ave. Seit Jahren schreibe ich vor allem mit Muji-Stiften. Ich habe Hunderte. Die New Yorker Muji-Filiale gibt es erst seit Kurzem. Eine nützliche, unprätentiöse, wenig aufwendig verpackte Marke, die weltweit von Designern geschätzt wird.

In dieser Gegend gibt es nicht viele Cafés. Gehen Sie deshalb in eines der Delis. Viele haben auch frisch gepresste Säfte.

Wir nehmen ein Taxi zur 245 W. Street/29th Street.

Das erste Mal hat mich meine Schwägerin Katie zu **Manhattan Wardrobe Supply** (10) mitgenommen, als sie auf der Suche nach Dingen war, um Kleidung für Kinofilme auf alt zu machen! In diesem Geschäft gibt es alles für die Modebranche und für Stylisten, für Spezialeffekte in Film und Fotografie, darunter

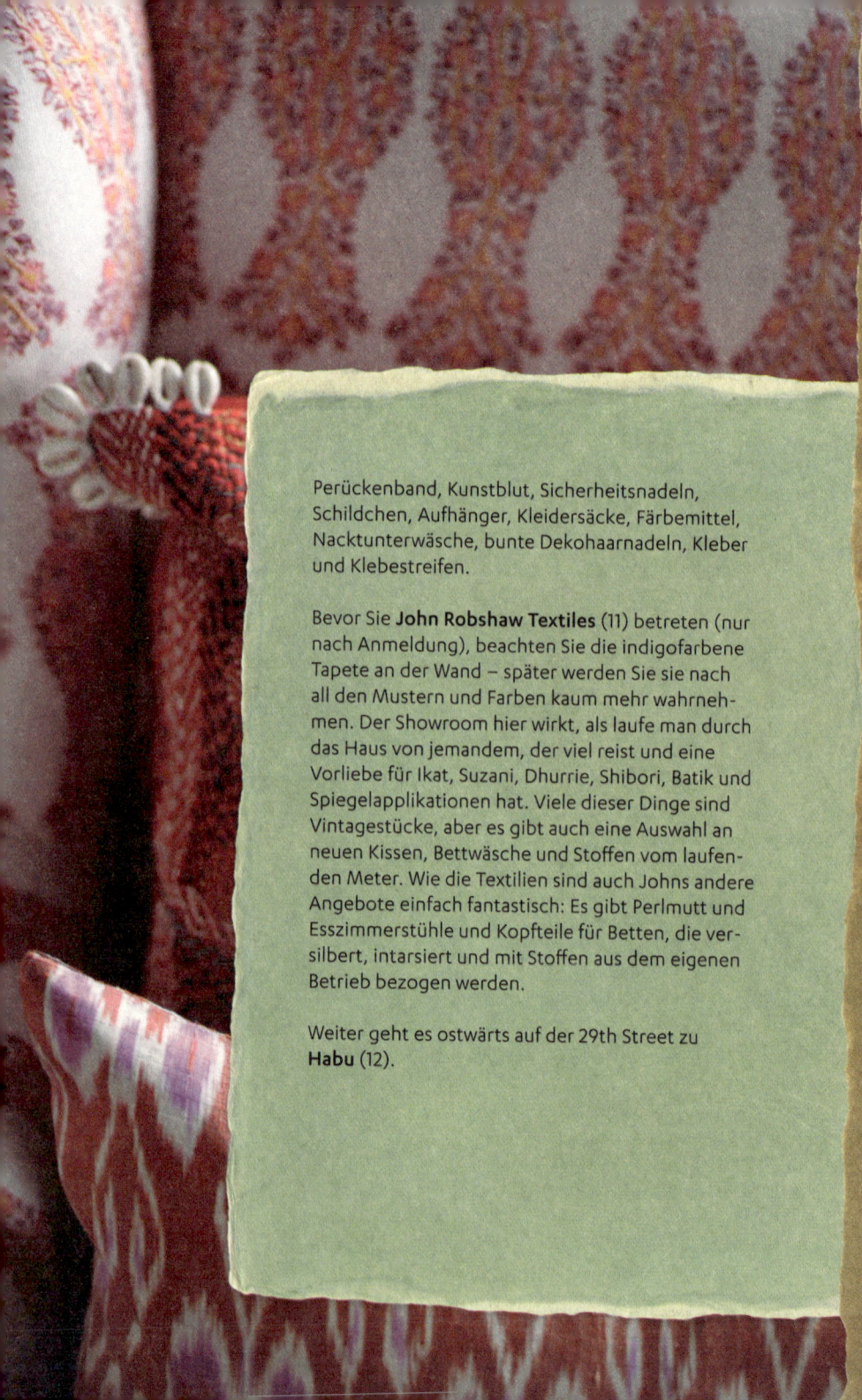

Perückenband, Kunstblut, Sicherheitsnadeln, Schildchen, Aufhänger, Kleidersäcke, Färbemittel, Nacktunterwäsche, bunte Dekohaarnadeln, Kleber und Klebestreifen.

Bevor Sie **John Robshaw Textiles** (11) betreten (nur nach Anmeldung), beachten Sie die indigofarbene Tapete an der Wand – später werden Sie sie nach all den Mustern und Farben kaum mehr wahrnehmen. Der Showroom hier wirkt, als laufe man durch das Haus von jemandem, der viel reist und eine Vorliebe für Ikat, Suzani, Dhurrie, Shibori, Batik und Spiegelapplikationen hat. Viele dieser Dinge sind Vintagestücke, aber es gibt auch eine Auswahl an neuen Kissen, Bettwäsche und Stoffen vom laufenden Meter. Wie die Textilien sind auch Johns andere Angebote einfach fantastisch: Es gibt Perlmutt und Esszimmerstühle und Kopfteile für Betten, die versilbert, intarsiert und mit Stoffen aus dem eigenen Betrieb bezogen werden.

Weiter geht es ostwärts auf der 29th Street zu **Habu** (12).

139

Habu

Habu ist einer dieser versteckten Diamanten in
einem Bürokomplex. Hier gibt es reine Natur, alle
möglichen Fasern aus dem gesamten asiatischen
Raum, die man zum Weben, Stricken oder Häkeln
verwenden kann. Hier finden Sie mehr als bloß
Wolle – sogar getrocknete Kokons von Seiden-
raupen. Sie können ein Musterbuch mit allen
erhältlichen Fasern für 35 Dollar erwerben. Präsentiert wird auch eine kleine Auswahl fertiger
Objekte; ich habe eine geknüpfte Geldbörse und
ein Halstuch aus laotischen Fasern gekauft.

135 W. 29th St #804
NYC 10001
212.239.3546
www.habutextiles.com

141

Wenn Sie nicht an Schneiderpuppen interessiert sind, können Sie **Manex USA** (13) auch einfach auslassen. Es gibt hier die perfekten altmodischen und hochwertig mit Stoff bezogenen Figuren. Nicht nur für Geschäfte, sondern auch für begehbare Kleiderschränke!

Fahren Sie fürs Mittagessen mit dem Taxi zu **202** (14) – vor allem wegen der Fischtacos, aber auch wegen der schönen Vintageeinrichtung aus Europa.

Nach dem Essen tauchen wir im Inneren des Chelsea Markets in die Tiefen von **Imports of Marrakesh** (15) ein, wo Sie sich fühlen werden wie in einem Suq. Herrlich bestickte, riesige Ottomanen, glatte, farbige Kacheln und unzählige Teegläser.

Schlüpfen Sie auf der anderen Seite hinaus auf die 10th Ave, gehen Sie die 14th Street rauf und schauen Sie auf einen Sprung bei **Jeffrey** (16) rein, um einen Blick auf die neuesten Schuhe zu werfen (ich schaue auch immer nach Parfums). Dieser Laden war einer der Ersten, die das Wesen des Meatpacking Districts veränderten. Tolle Sonderangebote und eine schöne Auswahl an Designerklamotten für sie und ihn.

Wenn Sie mit der App Sales Assistant für Smartphones umzugehen wissen, kann man Ihnen das Neueste per E-Mail übermitteln. Und Sie können die angesagtesten Sachen vor allen anderen haben.

Gehen Sie die Washington Street runter zu **Earnest Sewn** (17). Als dieser Laden aufmachte, änderte sich meine Meinung darüber, wie Ladeneinrichtungen auszusehen haben. Grob gesägte, breite, lose verlegte Holzdielen, erstaunliche Vintagerequisiten, ein kleiner Galerieraum, der Leute wie John Derian, Repetto und Erik Sanko (mein Favorit, zusammen mit seiner Frau Jessica Grindstaff) dazu einlädt, hier temporär ihre Arbeiten zu präsentieren. Und: In diesem Jeansladen werden die Hosen speziell nach Ihren Wünschen und Maßen angefertigt, nur für Sie.

Zeit, wieder ein Taxi zu nehmen und in SoHo einzutauchen. Springen Sie an der Ecke von Spring und Thompson Street raus, um **Dosa** (18) einen Besuch abzustatten. Vor allem ein Klamottenladen: Die Textilien sind fantastisch! Eine kleine Auswahl an schicken Halstüchern, Überwürfen und Taschen schmiegt sich zwischen die T-Shirts und Kleider, die den vielschichtigen Dosa-Look ausmachen. In der Regel bieten sie an der Theke wunderschöne Perlenarmbänder an.

Ganz in der Nähe liegt **Makié** (19), das vor allem für handgefertigte Kinderkleidung bekannt ist. Gefilzte Schuhe mit zickzackförmigen Rändern, Crossover-Tops, Wintermäntel mit Schottenmuster. Darunter mischen sich Leinentaschen mit Lederriemen und manchmal klassische französische Kaffeeschalen und anderer ausgefallener Krimskrams.

Es ist niemals verkehrt, bei **Ina** (20) nachzusehen, ob sie gerade etwas in Ihrer Größe dahat. Denken Sie daran, wie viele Models, Modefreaks und It-Girls es in New York gibt, die ab und zu ihre Schränke leeren müssen – dies ist der Ort, wo all ihre Klamotten, Schuhe und Handtaschen landen.

Schlendern Sie rüber ins Herz von SoHo zu **Purl** (21). Man sieht, dass Joelle, die Inhaberin, Stylistin bei Martha Stewart war. In diesem neuen Laden auf der Broome Street trifft freche Frische auf Handwerk. Beachten Sie neben der schönen Auswahl an Baumwolldrucken und Garnen die Sammlung mit buntem Wollfilz und die inspirierenden fertigen Stücke.

Bei **IF** (22) auf der Grand Street finden Sie viele belgische und Topdesigner, die Wert auf handwerkliche Schneiderkunst legen. Gehen Sie dorthin, um die gesamte Kollektion von Dries van Noten und Ann Demeulemeester zu sehen. Die Brieftaschen, Handtaschen und Gürtel dürfen Sie nicht verpassen!

Dann zu **Wolford** (23). Ich besitze unzählige Paare ihrer Netzstrümpfe in allen Creme-, Grau- und Karamellschattierungen (sie können jedes Outfit aufpeppen!). Wir gehen rüber zu **Matta** (24) auf der Lafayette Street. Dort gibt es von allem, was Bohème und Gipsy ist, ein bisschen was – farbenfroh, handgemacht und detailversessen: Taschen, Teppiche, Klamotten, Überwürfe, Quilts, Schmuck und Ottomanen.

Zu den letzten beiden Stationen laufen wir noch ein Stück. Lassen Sie so Ihren Tag ausklingen:

1. Mit frischen Austern und einem Glas Champagner an der mit Zink verkleideten Bar bei **Balthazar** (25). Wenn Sie Glück haben, serviert man dort gegen 16 Uhr auch gekochte Eier.

Oder

2. Wenn Sie zufällig mit einem Stylisten befreundet sind, der Ihnen Zutritt zur **Albright Fashion Library** (26) verschaffen kann, dann können Sie dort das neueste, tollste, glamouröseste Outfit New Yorks ausleihen, egal, zu was Sie eingeladen sind. So muss es sich anfühlen, wenn man gleichzeitig in Carrie Bradshaws und Patricia Fields Schränke eintaucht. Ein großes Loft ohne Möbel – nur Kleiderständer und Schuhregale, alles nach Farben sortiert.

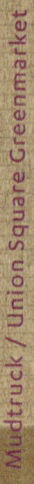

Stoffe, ssen & Tapeten

151

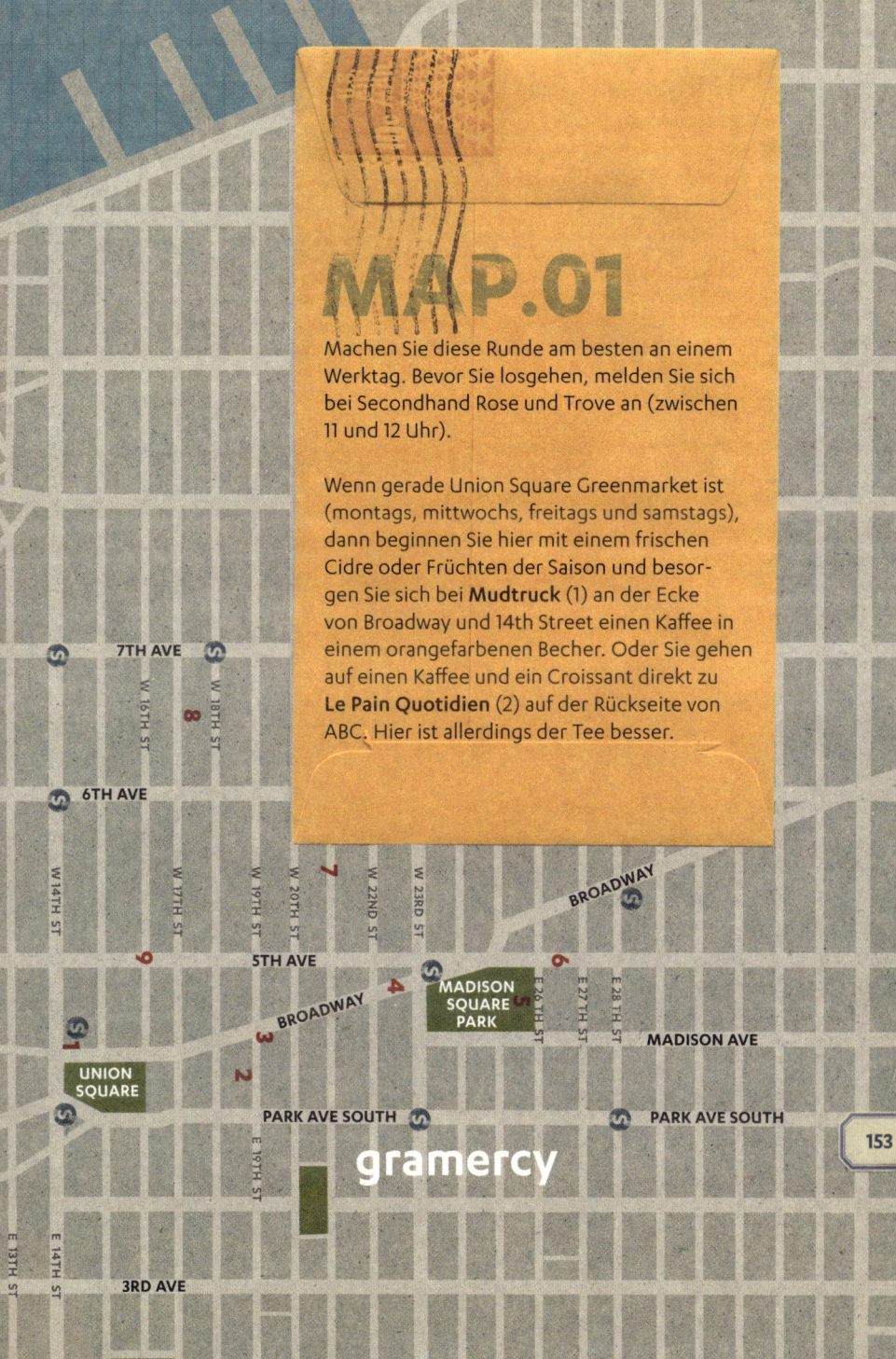

MAP.01

Machen Sie diese Runde am besten an einem Werktag. Bevor Sie losgehen, melden Sie sich bei Secondhand Rose und Trove an (zwischen 11 und 12 Uhr).

Wenn gerade Union Square Greenmarket ist (montags, mittwochs, freitags und samstags), dann beginnen Sie hier mit einem frischen Cidre oder Früchten der Saison und besorgen Sie sich bei **Mudtruck** (1) an der Ecke von Broadway und 14th Street einen Kaffee in einem orangefarbenen Becher. Oder Sie gehen auf einen Kaffee und ein Croissant direkt zu **Le Pain Quotidien** (2) auf der Rückseite von ABC. Hier ist allerdings der Tee besser.

7TH AVE

W 16TH ST
W 18TH ST
8

6TH AVE

W 14TH ST
W 17TH ST
W 19TH ST
W 20TH ST
7
W 22ND ST
W 23RD ST

BROADWAY

5TH AVE

9

BROADWAY
4
MADISON SQUARE PARK
E 26TH ST
6
E 27TH ST
E 28TH ST
3
5
MADISON AVE
2

UNION SQUARE

PARK AVE SOUTH
E 19TH ST
PARK AVE SOUTH
PARK AVE SOUTH

153

gramercy

E 13TH ST
E 14TH ST
3RD AVE

ABC (3) öffnet um 10 Uhr. Es ist das Mekka der Heimtextilien. Ich liebe Matteo im zweiten Stock, ein in LA ansässiger Leinenhersteller, sowie The Society, eine italienische Firma. Matteo steht für vorgewaschenes Leinen – gemütlich, raschelnd und für jeden Zweck geeignet. Die Firma verwendet nur natürliche Färbemittel. Halten Sie auch Ausschau nach kleineren Marken, die Naturfasern und Bindebatiktechnik verwenden, wie etwa Aboubakar Fofana, der aus Mali stammende Designer von Indigotextilien. Nehmen Sie sich die Zeit, auf der Bett- und Badetage alle Winkel zu erkunden. Hier gibt es auch wunderschöne Kinderwäsche. Nächster Halt ist in der achten Etage im **Madeline Weinrib Atelier**, wo es einzigartige Teppiche, Stoffe, Kissen und Tapeten gibt.

Werfen Sie auf Ihrem Weg durch diesen Textilhimmel auch einen Blick auf die Teppiche im allgemeinen Sortiment – zum Beispiel die zusammengestückelten Kelimteppiche von Gee's Bend, die an die berühmten Quilts erinnern. Ebenfalls bemerkenswert ist The Reform Project, das alte, gebrauchte türkische und persische Teppiche bleicht und sie neu einfärbt.

Gehen Sie den Broadway entlang nach Norden und bewundern Sie bei **Wolf Home** (4) die riesige Auswahl an Seidenvorhängen und Stoffen am laufenden Meter. Man nennt den Laden auch The Silk Trading Co.

157

Durchqueren Sie den Madison Square Park und legen Sie einen Zwischenstopp bei **Shake Shack** (5) ein, denn bis zum Mittagessen dauert es noch etwas. Es gibt hier fantastische Schokomilchshakes. Der Park beherbergt Plastiken verschiedener Künstler. Sie sind immer recht interessant, halten Sie also die Augen in alle Richtungen auf!

Secondhand Rose (6) hat in der Regel täglich von 10 bis 17 Uhr geöffnet. Damit Sie nicht vergeblich kommen, melden Sie sich am besten an. Sie benötigen mindestens eine Stunde zum Stöbern, wenn Sie Tapeten so sehr lieben wie ich. Von Velours über Mylarfolie, Siebdruck, Vinyl, Chinoiserien und Damast bis hin zu Fototapeten – fragen Sie nach irgendwas, wahrscheinlich kann man hier damit dienen. Der Laden ist wie eine Bibliothek eingerichtet, nehmen Sie sich Zeit, durch all die Musterbücher zu stöbern.

Wir gehen wieder nach Süden zu **Trove** (7), wo Sie sich ebenfalls anmelden sollten. Meine Freunde Jee und Randy betreiben diesen unglaublichen Tapetenund Teppichladen. Digital bearbeitete Bilder werden in zufälligen, verzerrten und sich wiederholenden Mustern verwendet. Meine Favoriten sind das Operndesign in Schwarz und Weiß oder die Vögel im Flug. Produktion auf Bestellung, auch in Farben Ihrer Wahl.

Der nächste Halt ist **Aronson's Floor Covering** (8). Unglaublich, wie aufregend Bodenbeläge sein können! Schwarz-weißes Schachbrettmuster, dickes Seegras, gewebtes Leder, Filz, Klassisches – hier gibt es alles.

In der Nähe befindet sich **Anthropologie** (9). Alle Möbel in ihren Filialen sind verkäuflich. Werfen Sie auch immer einen Blick in die meist neben den Garderoben versteckte Abteilung für Sonderangebote, etwa für Tischwäsche, Kissen und Ähnliches.

Noch ein oder zwei Stopps bis zum Mittagessen. Laufen Sie ein paar Blocks weiter bis zu **Area** (10). Seit der Laden aufgemacht hat, kaufe ich hier Bettlaken und Leinen von Anki. Mein Bett ist immer mit dem Leinenlaken „Simone" und mit einer farblich abgestimmten Leinendecke bezogen.

Wir nehmen ein Taxi zu **Olatz** (11), das Julian Schnabels schöner Exfrau gehört. Sie hat die Art Pyjamas auf Lager, die er zu so gut wie jedem Anlass trägt und die er berühmt gemacht hat. Es gibt auch eine gut sortierte Auswahl an Bettwäsche aus Leinen.

Nehmen Sie ein Taxi nach Downtown, damit sich Ihre müden Füße erholen können, und kehren Sie zum Mittagessen im **Crosby Street Hotel** (12) ein.

159

161

Crosby Street Hotel

Kit Kemp hat dieses Hotel gestaltet, es wirkt
wie der Anbau eines Hauses, eingerichtet
mit erlesenen Stücken und kenntnisreich
ausgewählter Kunst. Wenn Sie hier wohnen,
haben Sie zugleich Zutritt zur Bibliothek und
zur „honesty bar", wo Ihnen auf Vertrauens-
basis Getränke zur Verfügung stehen, sowie
zum fantastischen Innenhof. Ansonsten können
Sie, nachdem Sie das Foyer und die angrenzen-
den Räume besichtigt und die erstaunlichen
Textilien und Möbel bewundert haben, ein
wohlverdientes Mittagessen im Restaurant
einnehmen.

79 Crosby St
NYC 10012
212.226.6400
www.firmdale.com

163

165

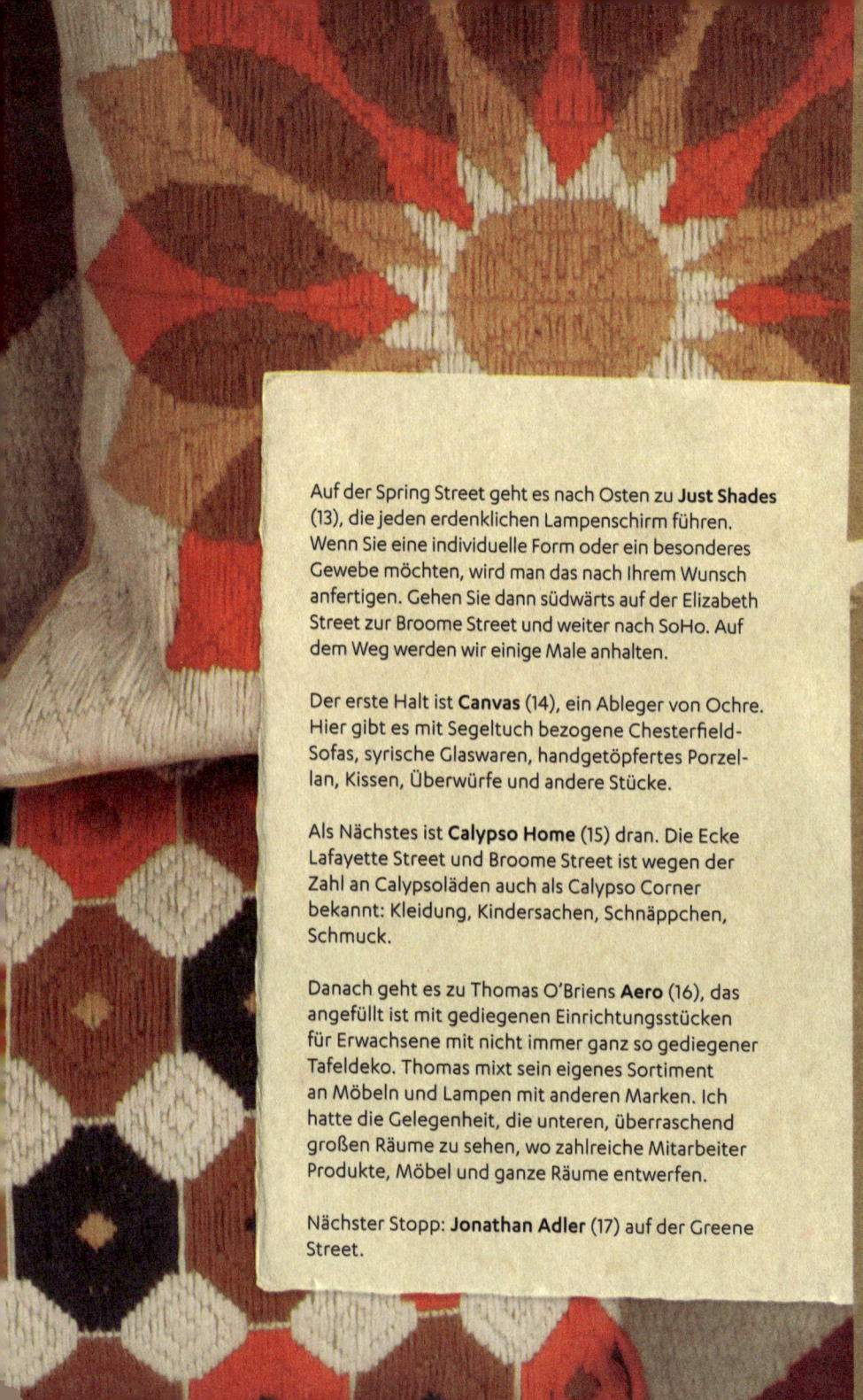

Auf der Spring Street geht es nach Osten zu **Just Shades** (13), die jeden erdenklichen Lampenschirm führen. Wenn Sie eine individuelle Form oder ein besonderes Gewebe möchten, wird man das nach Ihrem Wunsch anfertigen. Gehen Sie dann südwärts auf der Elizabeth Street zur Broome Street und weiter nach SoHo. Auf dem Weg werden wir einige Male anhalten.

Der erste Halt ist **Canvas** (14), ein Ableger von Ochre. Hier gibt es mit Segeltuch bezogene Chesterfield-Sofas, syrische Glaswaren, handgetöpfertes Porzellan, Kissen, Überwürfe und andere Stücke.

Als Nächstes ist **Calypso Home** (15) dran. Die Ecke Lafayette Street und Broome Street ist wegen der Zahl an Calypsoläden auch als Calypso Corner bekannt: Kleidung, Kindersachen, Schnäppchen, Schmuck.

Danach geht es zu Thomas O'Briens **Aero** (16), das angefüllt ist mit gediegenen Einrichtungsstücken für Erwachsene mit nicht immer ganz so gediegener Tafeldeko. Thomas mixt sein eigenes Sortiment an Möbeln und Lampen mit anderen Marken. Ich hatte die Gelegenheit, die unteren, überraschend großen Räume zu sehen, wo zahlreiche Mitarbeiter Produkte, Möbel und ganze Räume entwerfen.

Nächster Stopp: **Jonathan Adler** (17) auf der Greene Street.

Jonathan Adler

Jahrelang habe ich Jonathans Arbeit in vielen Zeitschriften weltweit präsentiert – lackierte Tabletts, samtene Sessel, Tischkeramik, gepflegte Salons, Tapisseriekissen, euterförmige Vasen sowie sein eigenes Haus. Neben seinen wirklich erschwinglichen Möbeln sollten Sie seine neue Auswahl an Tapeten beachten – Knoten, imitierter Bambus und mäandernde Muster sind meine Favoriten. Dieser Look gehört absolut zu Jonathan: Das ist so total Palm Springs, einfach fantastisch! Immer etwas ironisch und mit einem gewissen Sinn für Humor.

47 Greene St
NYC 10013
212.941.8950
www.jonathanadler.com

169

Schauen Sie anschließend gleich um die Ecke bei **The Rug Company** (18) vorbei. Dies ist einer meiner allerliebsten Einzelhändler. Ein Ort, an dem Teppiche zu Mode werden und wo Sie Ihr gesamtes Haus um den Teppich herum zu gestalten beginnen. Wenn Sie mich zum Beispiel danach fragen, woher ich dieses Kissen mit der englischen Nationalflagge habe – es ist von Vivienne Westwood, und ich habe es hier gekauft.

Neuer und größer ist der Laden von **Long Island Fabrics** (19), ein verstecktes Kleinod, das mich unendlich inspiriert. Beachten Sie die dick gepolsterte Theke, den überdimensionalen Ohrensessel und die hochglänzenden aquamarinblauen Säulen sowie andere verrückte Ausstellungsstücke in diesem großzügig proportionierten Raum.

Das war's mit dieser Tour. Wir spazieren Richtung **The Mercer** (20), während wir unterwegs die Schaufenster betrachten. Gehen Sie in den vordersten Raum des Hotels an der Prince Street und bestellen Sie sich ein Glas von dem, was Ihr Herz begehrt. Es gibt zwar nur wenige Tische, aber es werden regelmäßig wieder welche frei.

K

unst &
Design

173

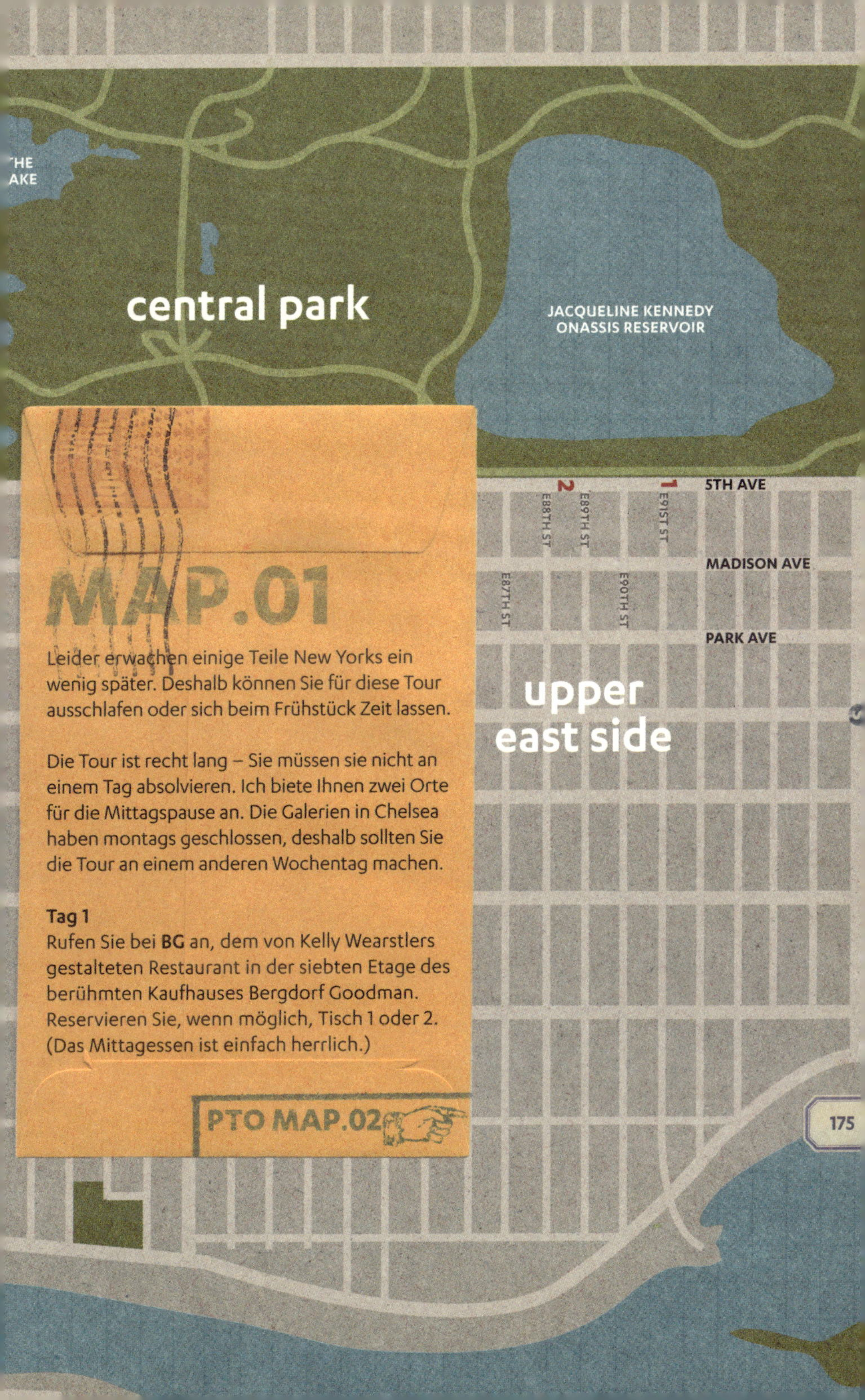

central park

JACQUELINE KENNEDY
ONASSIS RESERVOIR

5TH AVE

MADISON AVE

PARK AVE

E91ST ST **1**

E89TH ST **2**

E88TH ST

E90TH ST

E87TH ST

upper
east side

THE
AKE

MAP.01

Leider erwachen einige Teile New Yorks ein wenig später. Deshalb können Sie für diese Tour ausschlafen oder sich beim Frühstück Zeit lassen.

Die Tour ist recht lang – Sie müssen sie nicht an einem Tag absolvieren. Ich biete Ihnen zwei Orte für die Mittagspause an. Die Galerien in Chelsea haben montags geschlossen, deshalb sollten Sie die Tour an einem anderen Wochentag machen.

Tag 1
Rufen Sie bei **BG** an, dem von Kelly Wearstlers gestalteten Restaurant in der siebten Etage des berühmten Kaufhauses Bergdorf Goodman. Reservieren Sie, wenn möglich, Tisch 1 oder 2. (Das Mittagessen ist einfach herrlich.)

PTO MAP.02

175

hudson river

west villag

HOLLAND TUNNEL

GREENWICH ST

HUDSON ST

GREENWICH ST

14

RENWICK ST

VANDAM ST

SPRING ST

HUDSON ST

CANAL ST

VARICK ST

soho

6TH AVE

SULLIVAN ST

THOMPSON ST

BROOME ST

SPRING ST

PRINCE ST

WEST HOUSTON ST

WASHINGTON SQUARE PARK

WOOSTER ST

CANAL ST

GREENE ST

GRAND ST

MERCER ST

15

16

BROADWAY

BROADWAY

17

CROSBY ST

HOWARD ST

18 19

LAFAYETTE ST

LAFAYETTE ST

BLEECKER ST

22 23 24

25

26

27

E 2ND ST

BOWERY

CENTRE ST

little italy

DELANCY ST

MULBERRY ST

MOTT ST

20

21

ELIZABETH ST

E 1ST ST

E 3RD ST

E 4TH ST

E 5TH ST

nolita

EAST HOUSTON ST

BOWERY

CHRYSTIE ST

SARA D ROOSEVELT PARK

10TH AVE

9TH AVE

8TH AVE

5TH AVE

3RD AVE

CANSEVOORT ST

HORATIO ST

JANE ST

W 12TH ST

W 13TH ST

W 14TH ST

W 21ST ST

W 22ND ST

W 23RD ST

UNIVERSITY PL

E 13TH ST

E 12TH ST

E 14TH ST

E 15TH ST

E 10TH ST

6 7

8

9 10

11

12

13

CHELSEA PARK

chelsea

UNION SQUARE

BITTE BEACHTEN

In New York gibt es so viele Orte mit spektakulären Interieurs (sogar U-Bahnen). Nehmen Sie sich ausreichend Zeit, alle Einzelheiten zu erkunden. Schauen Sie nach oben und unten, beachten Sie die Leisten, die Türknäufe und die Proportionen insgesamt.

A TREAT

JOHN DI... COMPANY

boat

BG

Ich hatte den Auftrag, für jemanden am Tag
der Eröffnung von BG einzukaufen. Es wäre
geradezu unhöflich gewesen, hier nicht reinzu-
schauen. Ich saß an der wunderschönen grünen
Bar aus Stein, von der aus man auf den Central
Park blickt. Freundliche Barmänner servierten
mir perfekt gekühlten Rosé-Champagner, und
ich bewunderte das unglaubliche Ambiente,
das Kelly Wearstler entworfen hatte. Es war mitten am Nachmittag und einer meiner wunder-
barsten Momente in New York.

im Bergdorf Goodman
7th fl. 754 5th Ave
NYC 10019

179

Lassen Sie uns mit einem Museum beginnen.
Das **Cooper-Hewitt** (1) öffnet um 10 Uhr. Dieses
Museum ist dem Design gewidmet und zeigt wechselnde Ausstellungen von Gastkuratoren – stets
hochinteressante Leute. Nicht unbedingt bekannte
Designer, aber immer solche, über die Sie sicherlich
mehr erfahren möchten. Sie haben das Glück, bei
ihrer Arbeit Cooper-Hewitts umfangreiche Archive
erkunden zu dürfen und sind völlig frei in der Ver-
wirklichung ihrer Ausstellungen.

Von hier gehen Sie zum **Guggenheim** (2), allein
schon um das Gebäude gesehen zu haben – es ist
unglaublich inspirierend, selbst wenn Sie sich nicht
so dafür interessieren, was innen gerade gezeigt
wird. Nehmen Sie ein Taxi zur 59th Ave ins Plaza – es
macht immer wieder Spaß, in den Palmenhof und den
Oak Room zu schauen –, bevor Sie zu **Assouline** (3)
gehen. Es gibt zwei große Verlage, die sich auf Mode,
Fotografie, Design und Kunst spezialisiert haben, und
dies ist einer davon. Sie verkaufen nicht nur wunderschöne Bücher, sondern haben auch eine Auswahl
an anderen Dingen. Mein aktueller Lieblingstitel ist
Ostrich Egg von Rochelle Bond als E-Book.

Nachdem wir lange in den Büchern gestöbert
haben, überqueren wir die Straße zu **Bergdorf
Goodman** (4). Die Schaufenster an der 5th Ave
müssen Sie gesehen haben, bevor Sie sich in
den siebten Stock aufmachen!

181

Bergdorf Goodman

Hierher sollten Sie kommen, wenn Sie Accessoires suchen. Es gibt eine große Auswahl aller bekannten Hersteller von Tafelzubehör, Gläsern und Besteck (liest sich wie der Wunschzettel für einen Hochzeitstisch!) sowie altes Silber, Bücher, Schreibwaren, originelles Küchenzubehör, mundgeblasene Vasen, Duftkerzen, Muranoglas, französisches Porzellan, Zuckerwürfel mit Blüten, Bonbonnieren, speziell für BG von Kelly Wearstler entworfene Kunstobjekte und alles, was Sie für Ihr Refugium auf den Bahamas, Ihr Wochenendhaus in den Hamptons, Ihr NY-Brownstone oder Ihr Anwesen im Norden des Bundesstaats brauchen. Planen Sie ausreichend Zeit ein, bevor Sie sich zu Ihrem vorher bei BG reservierten Tisch begeben.

754 5th Ave
NYC 10019
212.753.7300
www.bergdorfgoodman.com

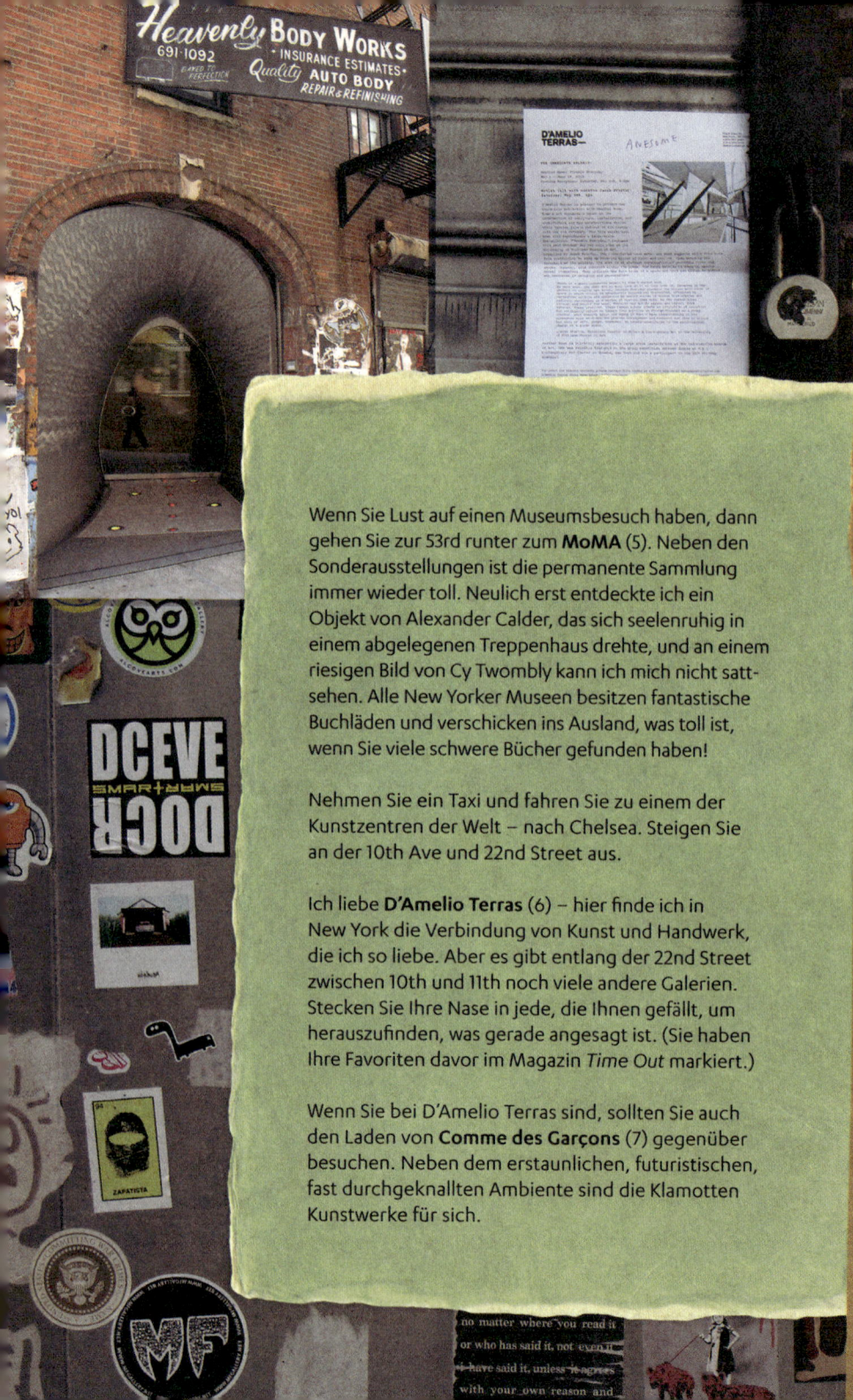

Wenn Sie Lust auf einen Museumsbesuch haben, dann gehen Sie zur 53rd runter zum **MoMA** (5). Neben den Sonderausstellungen ist die permanente Sammlung immer wieder toll. Neulich erst entdeckte ich ein Objekt von Alexander Calder, das sich seelenruhig in einem abgelegenen Treppenhaus drehte, und an einem riesigen Bild von Cy Twombly kann ich mich nicht sattsehen. Alle New Yorker Museen besitzen fantastische Buchläden und verschicken ins Ausland, was toll ist, wenn Sie viele schwere Bücher gefunden haben!

Nehmen Sie ein Taxi und fahren Sie zu einem der Kunstzentren der Welt – nach Chelsea. Steigen Sie an der 10th Ave und 22nd Street aus.

Ich liebe **D'Amelio Terras** (6) – hier finde ich in New York die Verbindung von Kunst und Handwerk, die ich so liebe. Aber es gibt entlang der 22nd Street zwischen 10th und 11th noch viele andere Galerien. Stecken Sie Ihre Nase in jede, die Ihnen gefällt, um herauszufinden, was gerade angesagt ist. (Sie haben Ihre Favoriten davor im Magazin *Time Out* markiert.)

Wenn Sie bei D'Amelio Terras sind, sollten Sie auch den Laden von **Comme des Garçons** (7) gegenüber besuchen. Neben dem erstaunlichen, futuristischen, fast durchgeknallten Ambiente sind die Klamotten Kunstwerke für sich.

Ich liebe auch die klassischen Brieftaschen, und hier gibt es meinen Lieblingsduft für Herren: den in der silbernen Flasche mit der Nr. 2 drauf.

Zurück auf die 10th Ave zu **Printed Matter** (8), der weltgrößten Non-Profit-Organisation, die sich der Veröffentlichung von Künstlerbüchern widmet. Ich liebe es, hier herumzustöbern. Das letzte Mal habe ich ein Buch von Mark Dion gekauft, um meine Sammlung seiner zufällig veröffentlichten Ideen zu ergänzen. Beachten Sie außerdem den tollen Krimskrams auf dem Tisch. Auch die Aufkleber am Eingang sehen einfach cool aus.

Wenn Sie zu müde zum Laufen sind, nehmen Sie ruhig ein Taxi, auch wenn es nur um die Ecke gehen soll. Taxifahrern in New York machen kurze Fahrten nichts aus. Bevor Sie an der Bar im **Pastis** (9) Platz nehmen, einem tollen Bistro des legendären Gastronomen Keith McNally, legen Sie noch einen Zwischenstop nebenan bei **Crangi Family Project** (10) ein. Von verschiedenen Familienmitgliedern geführt und entworfen vom Bruder Philip, der Goldschmied ist, gleicht es dem Inneren eines Schmuckkastens. Bei meinem letzten Trip habe ich eine Halskette mit einem Anker erstanden. Gutes Preisniveau für jeden Geldbeutel.

TAG 2

Hoffentlich hatten Sie eine erholsame Nacht und machen gleich dort weiter, wo Sie gestern aufgehört haben. Heute bewegen wir uns ausschließlich in Downtown. Decken Sie sich mit einem Kaffee in der Filiale von **Joe** (11) an der 13th Street ein und laufen Sie dann rüber zum Broadway zu **The Strand** (12), das um 9.30 Uhr öffnet. Ich gehe immer gleich in die zweite Etage zu den Büchern über Kunst, Design, Fotografie und Reisen. Wenn Sie sich für seltene Bücher interessieren, gibt es gleich nebenan eine Abteilung speziell dafür. Fragen Sie einfach an der Information.

Wenn Sie den Broadway runterlaufen, kommen Sie an der Ecke Broadway und 10th Street an **Broadway Windows** (13) vorbei. Es handelt sich um Schaufenster, in denen immer ein einzelner Künstler präsentiert wird. Die gezeigten Werke liegen häufig zwischen Kunst und Handwerk. Man kann leider nicht reingehen, sie aber zu jeder Uhrzeit von draußen betrachten.

Im Taxi geht's den Broadway runter zu **Wyeth** (14). Man kommt dort nur nach Anmeldung rein, aber ernsthaft an Design Interessierte werden hier eine unglaubliche Auswahl an Objekten und Möbeln finden. Die Sachen sind nicht billig, dafür ausgefallen, Vintage, einfach sagenhaft!

STRAND
18 MILES OF BOOKS
BOOK STORE

s.com
(12th St.)

191

Laufen Sie die Spring Street entlang nach SoHo. Machen Sie bei **Taschen** (15) halt. Dies ist neben Assouline der zweite Buchladen, der den Markt der wunderschön gestalteten Bücher über Kunst, Design, Architektur, Mode und Fotografie anführt. Außerdem gibt es dort **Moss** (16). Dieser Laden haut mich jedes Mal um. Sie haben sich in den letzten Jahren auf das Dreifache vergrößert und verfügen jetzt auch über einen Ausstellungsraum. Moss deckt alles in Sachen Design ab, sie führen Leuchten, Möbel, Tafelzubehör, Besteck, Textilien und ganz Überraschendes.

Überqueren Sie den Broadway nach Nolita. Am Ende der Crosby Street befindet sich das **Amaridian** (17). Hier hat man sich auf Design aus Südafrika spezialisiert und ein tolles Angebot: Filzsteine, außergewöhnliche Porzellandosen, indigofarbene Überwürfe, erstaunliche Leuchten und Plastiken.

Weiter geht's zur **Clic Gallery** (18), die ziemlich neu in der Szene der Broome Street ist. Hier zeigt man tolle Fotoausstellungen neben einem Sortiment mit besonderen Fotobüchern. Bücher über Design sind etwas so Schönes, und ich habe sie so gerne um mich, dass ich nur selten ohne eines von hier wieder weggehe.

193

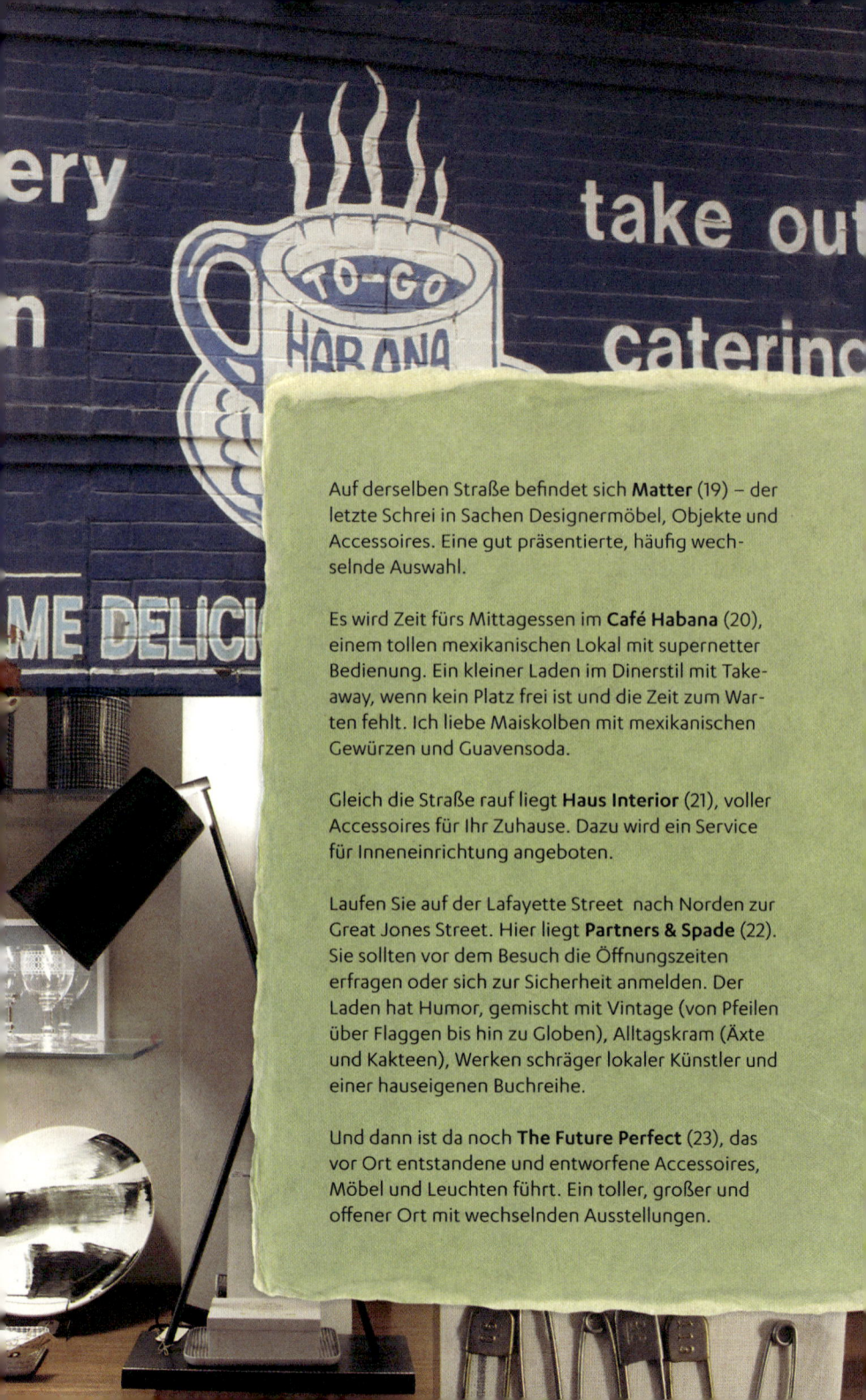

Auf derselben Straße befindet sich **Matter** (19) – der letzte Schrei in Sachen Designermöbel, Objekte und Accessoires. Eine gut präsentierte, häufig wechselnde Auswahl.

Es wird Zeit fürs Mittagessen im **Café Habana** (20), einem tollen mexikanischen Lokal mit supernetter Bedienung. Ein kleiner Laden im Dinerstil mit Takeaway, wenn kein Platz frei ist und die Zeit zum Warten fehlt. Ich liebe Maiskolben mit mexikanischen Gewürzen und Guavensoda.

Gleich die Straße rauf liegt **Haus Interior** (21), voller Accessoires für Ihr Zuhause. Dazu wird ein Service für Inneneinrichtung angeboten.

Laufen Sie auf der Lafayette Street nach Norden zur Great Jones Street. Hier liegt **Partners & Spade** (22). Sie sollten vor dem Besuch die Öffnungszeiten erfragen oder sich zur Sicherheit anmelden. Der Laden hat Humor, gemischt mit Vintage (von Pfeilen über Flaggen bis hin zu Globen), Alltagskram (Äxte und Kakteen), Werken schräger lokaler Künstler und einer hauseigenen Buchreihe.

Und dann ist da noch **The Future Perfect** (23), das vor Ort entstandene und entworfene Accessoires, Möbel und Leuchten führt. Ein toller, großer und offener Ort mit wechselnden Ausstellungen.

separately

BELL
The Choice of Professionals

195

Danach geht es zu **Art & Industry Ltd** (24), praktisch ein Museum für klassisch modernes Design; die meisten Stücke sind jedoch zu kaufen oder zu mieten. Die Inhaberin ist ziemlich schräg drauf. Sie mag Sie – oder eben nicht. Fragen Sie, bevor Sie Fotos machen. Es gab das Gerücht, dass auch die höhlenartigen Räume im Untergeschoss geöffnet würden.

Gehen Sie nordwärts bis zum Cooper Square und **Lost City Arts** (25) – mehr dazu auf der nächsten Seite, es ist nicht weit.

Auf der anderen Seite des Cooper Square befindet sich **Alan Moss** (26). Tolle klassische Designerstücke aus den 1950er-Jahren. Sehen Sie sich unbedingt Tafelzubehör und Accessoires von Carl Auböck an: In seinen Objekten kombiniert er Bambus, Rohr, Messing, Leder und Glas. Sie sind ungemein sammelwürdig und noch oft zu finden. Alan Moss ist eine Quelle für Möbel, Wandkunst, Objekte und andere Wunder.

Einige Türen weiter finden Sie das **Indochine** (27), eines meiner Lieblingsrestaurants – sowohl wegen der Einrichtung als auch wegen der Cocktails. Schon von außen, mit seinem kursiv geschriebenen Neonschild, wirkt dieser Ort supercool. Stellen Sie sich vor, Sie wären in einem kolonialen Vorposten (oder vielleicht Film), während Sie sich mit einem Martini an die mit Bananentapete bezogene Wand lehnen.

Lost
City
Arts

Originale von Arne Jacobsen, Calder, Hans Weg-
ner, Bertoia, Knoll und anderen Klassikern. Wunderschöne Stücke als Solitäre oder als Ergänzung
Ihrer vorhandenen Sammlung. Es gibt außerdem
eine interessante Abteilung mit Wandkunst,
Mobiles und anderen Objekten. Der Eigentümer
Jim war lange Zeit vernarrt in die Arbeiten von
Harry Bertoia. Wir kennen und bewundern vor
allem dessen berühmte Metallstühle. Er hat einen
großen Teil seines Lebens der Schaffung von
wunderschönen „singenden" Freiluftplastiken
gewidmet. Die von ihnen erzeugten Geräusche,
von riesigen Gongs bis zu wellenartigen, gras-
ähnlichen Tönen, klingen wie Sirenengesang.

18 Cooper Square
NYC 10003
212.375.0500
www.lostcityarts.com

199

F

Papier,

arbe &

Bücher

201

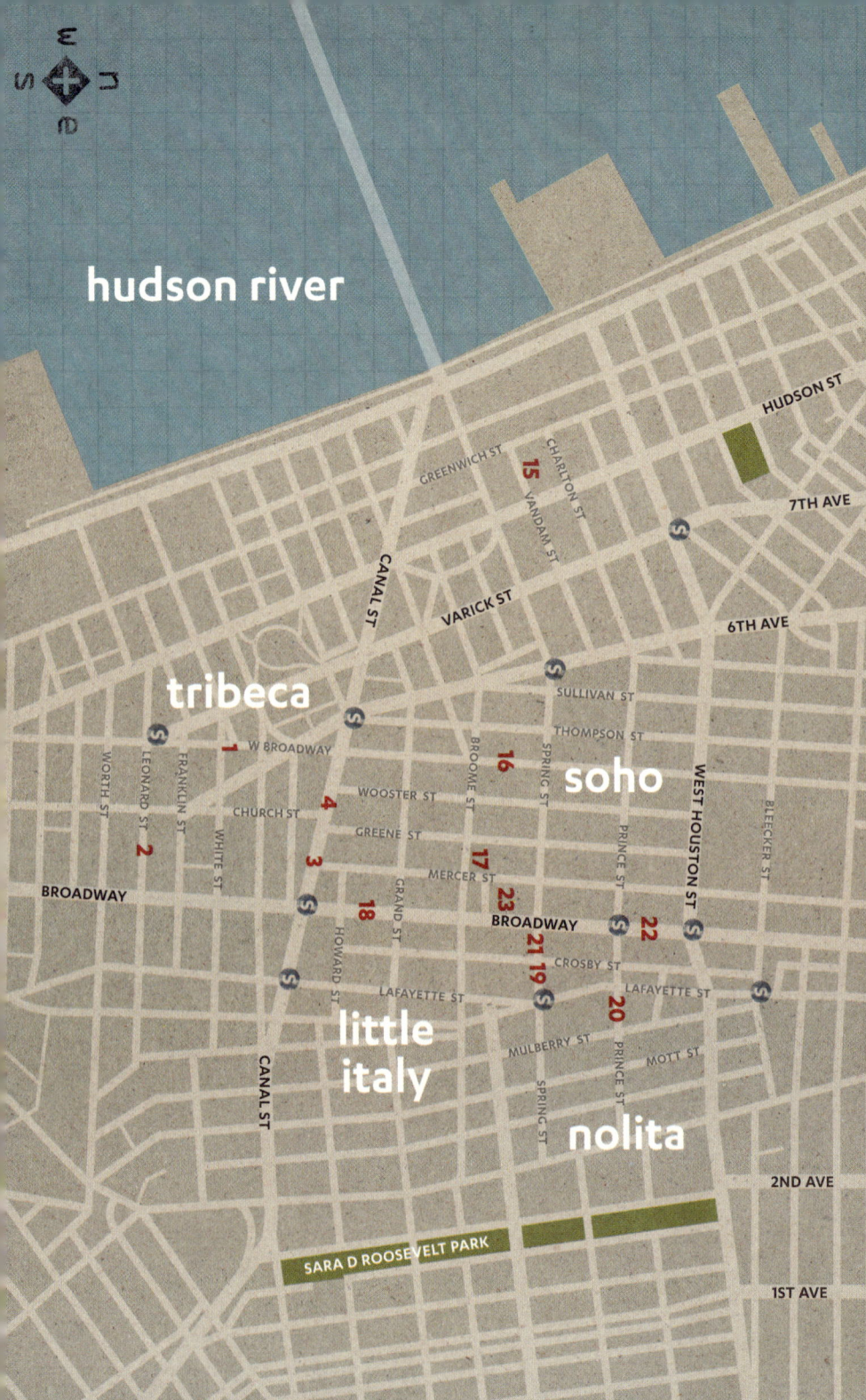

hudson river

tribeca

soho

little
italy

nolita

HUDSON ST

7TH AVE

6TH AVE

GREENWICH ST

CHARLTON ST

15

VANDAM ST

CANAL ST

VARICK ST

SULLIVAN ST

THOMPSON ST

WEST HOUSTON ST

BLEECKER ST

W BROADWAY

1

WOOSTER ST

16

BROOME ST

SPRING ST

PRINCE ST

WORTH ST

LEONARD ST

FRANKLIN ST

CHURCH ST

4

GREENE ST

17

MERCER ST

2

WHITE ST

3

BROADWAY

18

GRAND ST

23

BROADWAY

22

21 19

CROSBY ST

LAFAYETTE ST

20

HOWARD ST

LAFAYETTE ST

PRINCE ST

CANAL ST

MULBERRY ST

MOTT ST

SPRING ST

SARA D ROOSEVELT PARK

2ND AVE

1ST AVE

JANE ST **14**
8TH AVE
W 12TH ST

W 10TH ST
W 4TH ST

WAVERLY PL
13
CHRISTOPHER ST
WASHINGTON ST

WASHINGTON

MAP.01

Lassen Sie uns Downtown beginnen. Die Kunst-
welt steht etwas früher auf als die Designerwelt.
Wenn Sie verkatert sind (und das sollten Sie sein,
dies ist schließlich New York), kurieren Sie sich
im **Café Clementine** (1) mit einem Käse-Schin-
ken-Tomaten-Sandwich und einem Cookie. Vor
Ihnen liegt ein sehr langer Tag.

Schauen Sie von hier aus bei Tommy G's
Manhattan Stained Glass (2) rein, eine
erstaunliche Glassammlung im Untergeschoss.
Hier können Sie Glasscheiben in jeder Farbe
kaufen, groß und klein, mundgeblasen und
maschinell gefertigt. Ich verwende sie als
Hintergründe für Fotos von Schmuck und
Make-up. Tommy bietet auch Kurse zum
Fertigen einzigartiger Buntglasfenster an.

PTO MAP.02

BROADWAY

LEXINGTON AVE

5 3RD AVE **6** E 15TH ST 3RD AVE

E 9TH ST
E 10TH ST
E 11TH ST
E 12TH ST
E 13TH ST
E 14TH ST

2ND AVE

STUYVESANT SQUARE

1ST AVE

garment
district

6TH AVE

BRYANT
PARK

5TH AVE

W 42ND ST

W 43RD ST

E 42ND ST

E 41ST ST

E 40TH ST

dear sibella –

it was a pleasure to finally

NICHTS ALS PAPIER

Diese Liste ist gedacht für
Liebhaber von Luftschlangen,
Origami, Briefen, Karten,
Geschenk-, Deko- und Vorsatz-
papier, Notiz- und Tagebüchern,
Konfetti, Umschlägen, Dankes-
karten und persönlich gestalteten Schreibwaren, von Klebe-
schildchen und Aufklebern!

* Confetti System
* Kate's Paperie
* New York Central Art Supply
* JAM Paper & Envelope
* Paper Presentation

east river

Gehen Sie die Straße rauf zu **Pearl Paint** (3), einem fünfstöckigen Paradies für Künstlerbedarf. In der hinteren Ecke gibt es einen Fahrstuhl – ich beginne immer ganz oben. Gegenüber auf der Lispenard Street gibt es auch ein auf Bastelsachen und Farben spezialisiertes Geschäft.

Ebenfalls auf der Canal Street befindet sich **Canal Plastics Center** (4), wo man Ihnen in kurzer Zeit so ziemlich alles aus Plexiglas machen kann, was Ihr Herz begehrt. Man kann aber auch ungewöhnliche Formen (Schmetterlinge, Schädel und gekreuzte Knochen, Einhörner, Segelschiffe, wirklich alles!) fertig kaufen. Ich habe hier über viele Jahre Sachen für Fotoaufnahmen anfertigen lassen. Die Auswahl an farbigem Plastik ist ebenfalls riesig.

Nehmen Sie für einen Abstecher zu einem weiteren meiner Lieblingsläden, **New York Central Art Supply** (5), ein Taxi und gehen Sie direkt in die Papierabteilung im zweiten Stock. Schnappen Sie sich einen Zettel und einen kleinen Stift von der Theke, um die Codierungen der Papiermuster zu notieren. Sie finden diese gerahmt entlang der Wände. Wenn Sie fertig sind, geben Sie Ihre Notizen dem schrulligen Personal hinter der Theke, das im Papierland verschwindet, um Ihre Sachen herauszusuchen.

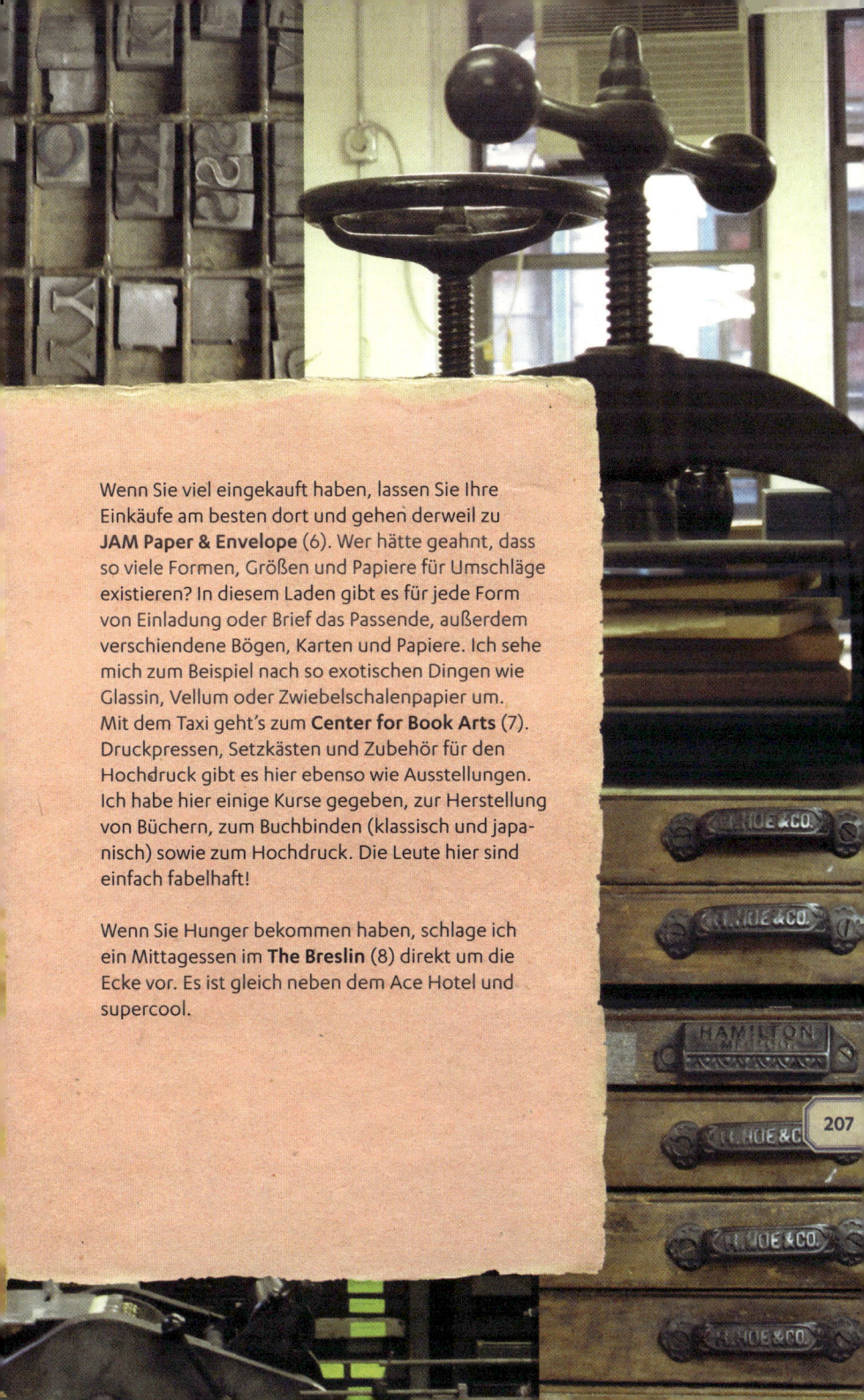

Wenn Sie viel eingekauft haben, lassen Sie Ihre Einkäufe am besten dort und gehen derweil zu **JAM Paper & Envelope** (6). Wer hätte geahnt, dass so viele Formen, Größen und Papiere für Umschläge existieren? In diesem Laden gibt es für jede Form von Einladung oder Brief das Passende, außerdem verschiendene Bögen, Karten und Papiere. Ich sehe mich zum Beispiel nach so exotischen Dingen wie Glassin, Vellum oder Zwiebelschalenpapier um. Mit dem Taxi geht's zum **Center for Book Arts** (7). Druckpressen, Setzkästen und Zubehör für den Hochdruck gibt es hier ebenso wie Ausstellungen. Ich habe hier einige Kurse gegeben, zur Herstellung von Büchern, zum Buchbinden (klassisch und japanisch) sowie zum Hochdruck. Die Leute hier sind einfach fabelhaft!

Wenn Sie Hunger bekommen haben, schlage ich ein Mittagessen im **The Breslin** (8) direkt um die Ecke vor. Es ist gleich neben dem Ace Hotel und supercool.

EVERY **EXIT** IS AN
ENTRANCE SOMEWHERE ELSE

Fire Hose

Wenn Sie sich sehr für Bücher interessieren, nehmen Sie ein Taxi zur **New York Public Library** (9). Das ist ein schönes Gebäude, es bietet wechselnde Ausstellungen und grenzt rückseitig an den Bryant Park an (wo die New York Fashion Week stattfindet). Sie können in der Sonne sitzen und einen Kaffee trinken.

Sorry für all die Taxis, aber nehmen Sie wieder eines und fahren Sie zu **Kremer Pigments** (10) auf der W. 29th Street. Sie können hier allerlei Pigmente zur Herstellung Ihrer eigenen Farben kaufen. Ich liebe Victoria Finlays *Das Geheimnis der Farben: Eine Kulturgeschichte*, und dies ist der Himmel aller Farbenliebhaber. Farben, Mörser und Stößel, Öle, Malpinsel – nehmen Sie eine fertig zusammengestellte Schachtel mit Farbpigmenten mit nach Hause oder wählen Sie selbst aus.

Danach laufen wir einige Blocks weiter bis zum **House of Portfolios** (11). Als ich vor langer Zeit meine Karriere begann, war dies der Laden, in dem ALLE ihre Mappen kauften. Ja, das war noch vor dem digitalen Zeitalter, aber es ist noch immer schön, wenn man die Seiten umblättert und die herausklappbaren Bögen eines Fotografen oder Stylisten betrachtet. Es gibt hier einige Standardgrößen, aber sie fertigen auch Sondergrößen, mit Deckeln aus verschiedenen Lederarten und mit Ihrem auf der Vorderseite eingeprägten Namen.

Laufen Sie von dort zu **The Set Shop** (12), wo Sie alles bekommen, was Sie für Fotoshootings brauchen: Materialien, Bausätze und Werkzeuge. Einen Laden, der einen so speziellen Markt bedient, muss man einfach lieben. Es gibt Behälter mit transparenten Keilen, Plexiglaswürfel, durchsichtiges Wachs, Papierklemmen – großartig!

Nehmen Sie an der Ecke 8th Ave und 30th Street die Bahn (A, C, E) zur W. 4th Street und gehen Sie rüber zu **Greenwich Letterpress** (13) auf der Christopher Street. Ein altmodischer Laden mit zwei Schaufenstern voller Karten und allem, was aus Papier besteht. Viel, viel mehr als ein normaler Schreibwarenladen! Beth, die Besitzerin, kann für Sie Karten und Einladungen in Buchdruckqualität bestellen und gestalten. Das dauert in der Regel drei Wochen, und die Ware kann geliefert werden. Wenn Sie sie brauchen, solange Sie in New York sind, können Sie sie vorher online bestellen und dann abholen, wenn Sie dort sind.

Gehen Sie anschließend auf der 8th Ave südwärts zu **The Ink Pad** (14). Hier gibt es alles, womit man drucken kann. Drucktinte, Aufkleber, Gummistempel und Etiketten – dieser Laden lässt Sammelalben cool aussehen!

Nächster Halt ist **Compleat Sculptor** (15), etwa zehn Fußminuten entfernt.

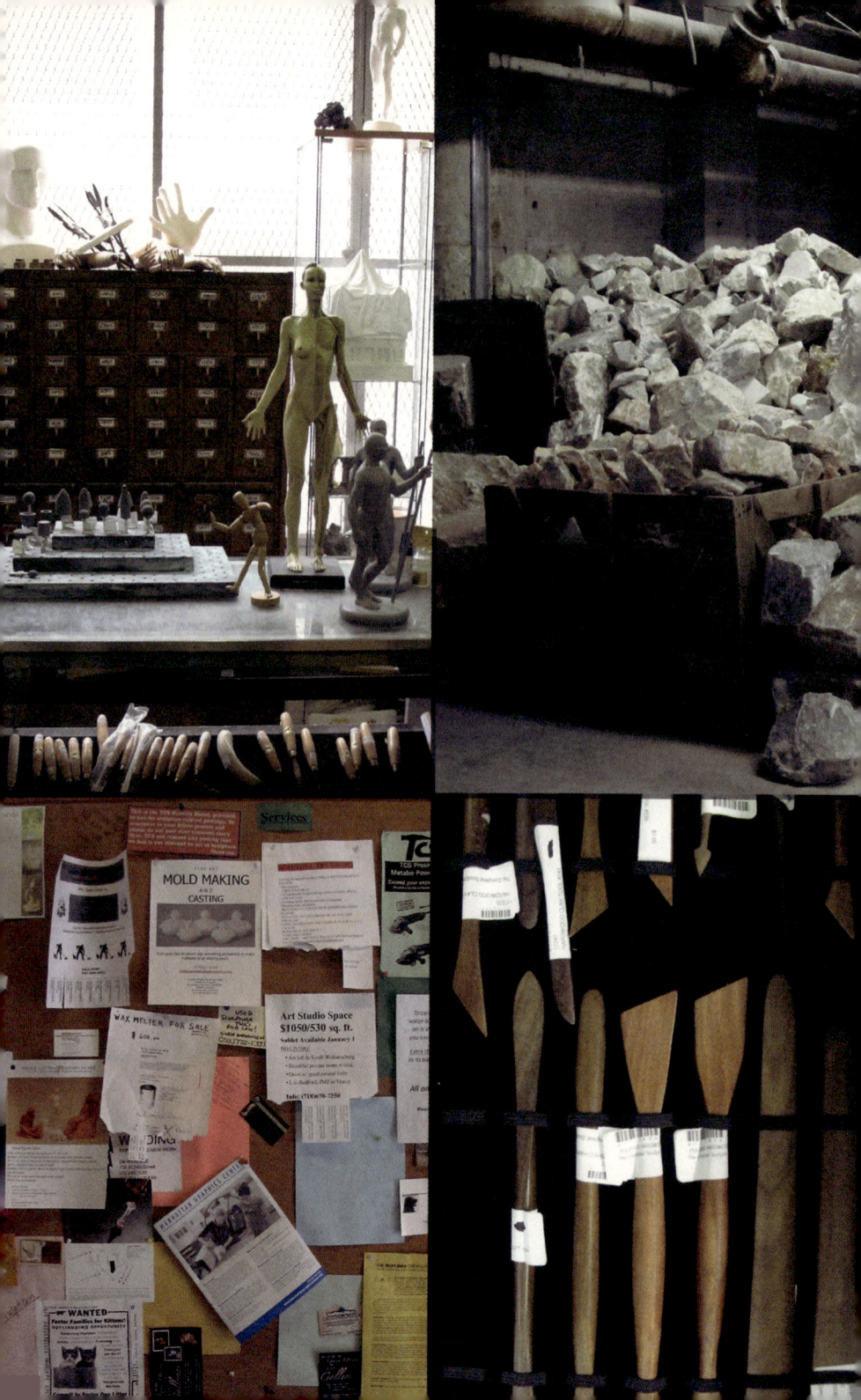

Compleat Sculptor

Man bekommt hier nicht nur jedes Schnitz- und Bildhauerwerkzeug, das es auf der Welt gibt, sondern auch eine unerwartete Auswahl rohen Holzes und sogar Steine. Gehen Sie an den zum Modellieren bestimmten Ton- und Wachssorten vorbei in den hinteren Bereich des Ladens und schlüpfen Sie links durch die transparenten Plastikvorhänge hinab ins Untergeschoss. Bereiten Sie sich auf eine Überraschung vor! Es ist wie ein Spaziergang in einem kleinen Steinbruch. Ich liebe diesen Raum. Die Mitarbeiter sind überaus kundig, und vorn gibt es ein wertvolles Adressenverzeichnis mit Kursen, Künstlern und Händlern.

90 Vandam St
NYC 10013
212.243.6074
www.sculpt.com

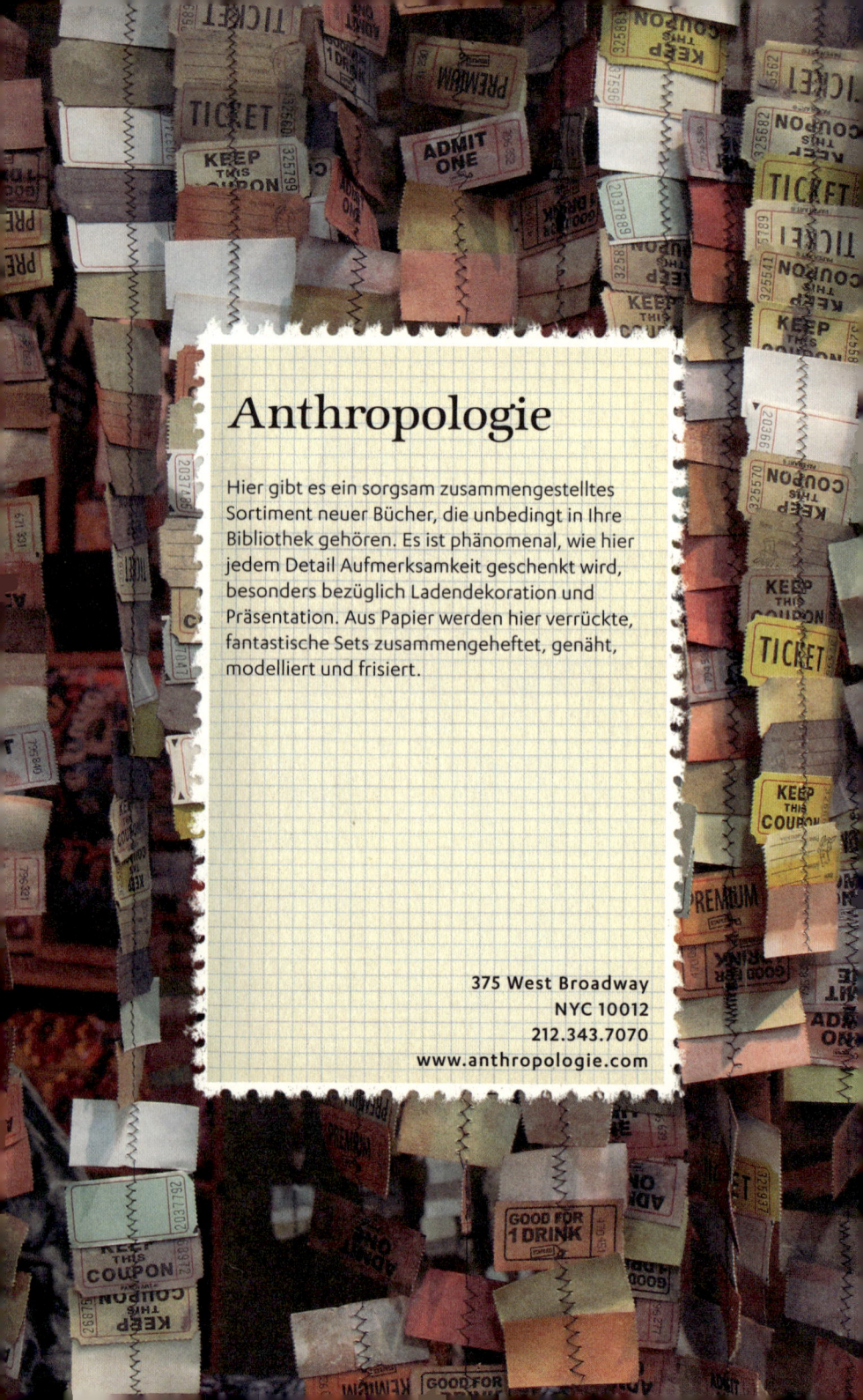

Anthropologie

Hier gibt es ein sorgsam zusammengestelltes
Sortiment neuer Bücher, die unbedingt in Ihre
Bibliothek gehören. Es ist phänomenal, wie hier
jedem Detail Aufmerksamkeit geschenkt wird,
besonders bezüglich Ladendekoration und
Präsentation. Aus Papier werden hier verrückte,
fantastische Sets zusammengeheftet, genäht,
modelliert und frisiert.

375 West Broadway
NYC 10012
212.343.7070
www.anthropologie.com

G.F. MILNTHORPE LTD
MALTST
219

Von **Anthropologie** (16) gehen Sie zu **Kate Spade** (17). Die kunterbunte Kate ist nicht jedermanns Sache, aber ich komme wegen der im ganzen Laden verteilten antiquarischen Bücher her. Ich mag es, wenn große Marken individuell und handverlesen wirken. Auch bei den Schreibwaren kommt nostalgische Freude auf!

Unser nächstes Ziel ist **Muji** (18). Plastikhüllen, Post-it-Zettel aus Pergament, braun abgesteppte Notizblöcke, Minilineale, Wochenplaner zum Selbermachen und Spielkarten sowie perfekte Stifte. Davon kann man nie genug haben!

Kate's Paperie (19) ist ein herrlicher Schreibwarenladen. Er verkauft einzelne Bögen Geschenkpapier, Pappen, Einladungskarten, Handwerkszeug, Gummistempel, Füller und Farbstifte sowie Stecknadeln und bietet einen Service für individuell gemachte Karten und Einladungen an. Ich bekomme nie genug davon!

Dann **McNally Jackson** (20). Ich liebe kleine Buchläden. Sie sind heutzutage in New York so selten. Unterstützen Sie diesen Laden, denn er bietet eine tolle Auswahl großartiger Bücher, lokaler Informationen und Karten sowie ein Café!

Gleich um die Ecke befindet sich **Balthazar** (21) –
ein immer einladendes, immer Laune machendes
Restaurant, besser noch als in Frankreich. Keith
McNally ist DER Gastronom Manhattans. Ich liebe
alles an diesem Ort, ganz gleich, ob Frühstück, Mit-
tag- oder Abendessen oder nur einen Drink. Sehen
Sie sich genau um und betrachten Sie jedes Detail:
die mit Zink beschlagene Bar, Austern auf Eis, Texte
auf alten Spiegeln und die abgetretenen Holzstufen,
die zu den Toiletten führen. Ich stecke oft einfach
eine Balthazar-Serviette zur Erinnerung in meine
Handtasche.

Falls Sie Pläne fürs Essen und Tanzen am Abend
haben, schauen Sie bei **Revolver** (22) auf der
Crosby Street rein und lassen Sie sich im Vorüber-
gehen eine schicke Frisur föhnen. (Sie können
einfach reinspazieren, ich rufe aber eine Stunde
vorher an, um Enttäuschungen zu vermeiden.)
Es kostet nur 40 bis 50 Dollar, und Sie sehen HEISS
aus!!! Dann können Sie die Straße runter bei
Bloomingdale's (23) reinschauen und sich an
einem der Make-up-Stände aufhübschen lassen –
danach sind Sie absolut bereit für diese Stadt!

Für

& I

Küche
Esstisch

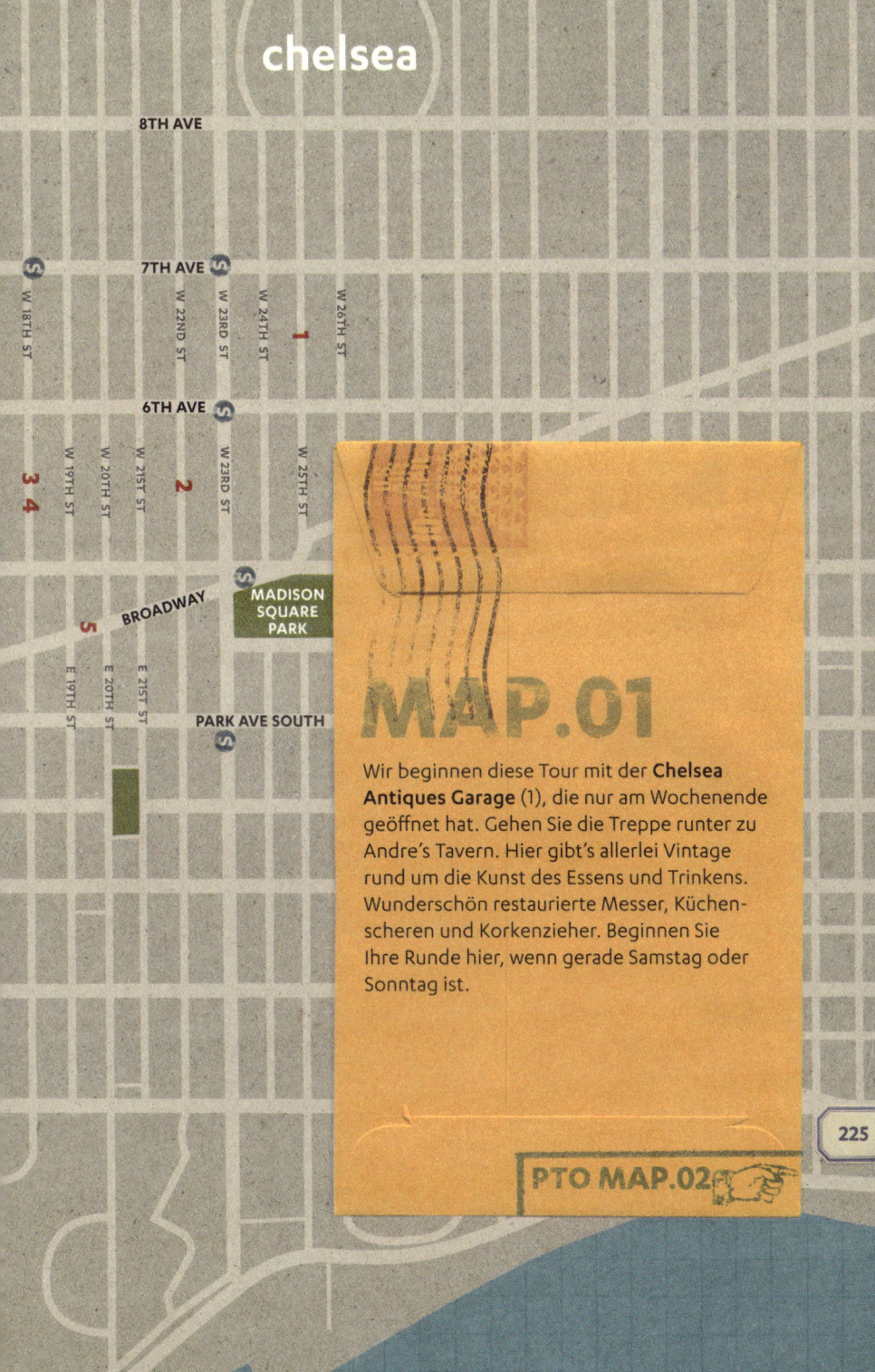

chelsea

8TH AVE

7TH AVE

W 18TH ST

W 22ND ST

W 23RD ST

W 24TH ST

W 26TH ST

1

6TH AVE

3 4

W 19TH ST

W 20TH ST

W 21ST ST

W 23RD ST

W 25TH ST

2

BROADWAY

5

E 19TH ST

E 20TH ST

E 21ST ST

MADISON
SQUARE
PARK

PARK AVE SOUTH

MAP.01

Wir beginnen diese Tour mit der **Chelsea Antiques Garage** (1), die nur am Wochenende geöffnet hat. Gehen Sie die Treppe runter zu Andre's Tavern. Hier gibt's allerlei Vintage rund um die Kunst des Essens und Trinkens. Wunderschön restaurierte Messer, Küchenscheren und Korkenzieher. Beginnen Sie Ihre Runde hier, wenn gerade Samstag oder Sonntag ist.

PTO MAP.02

225

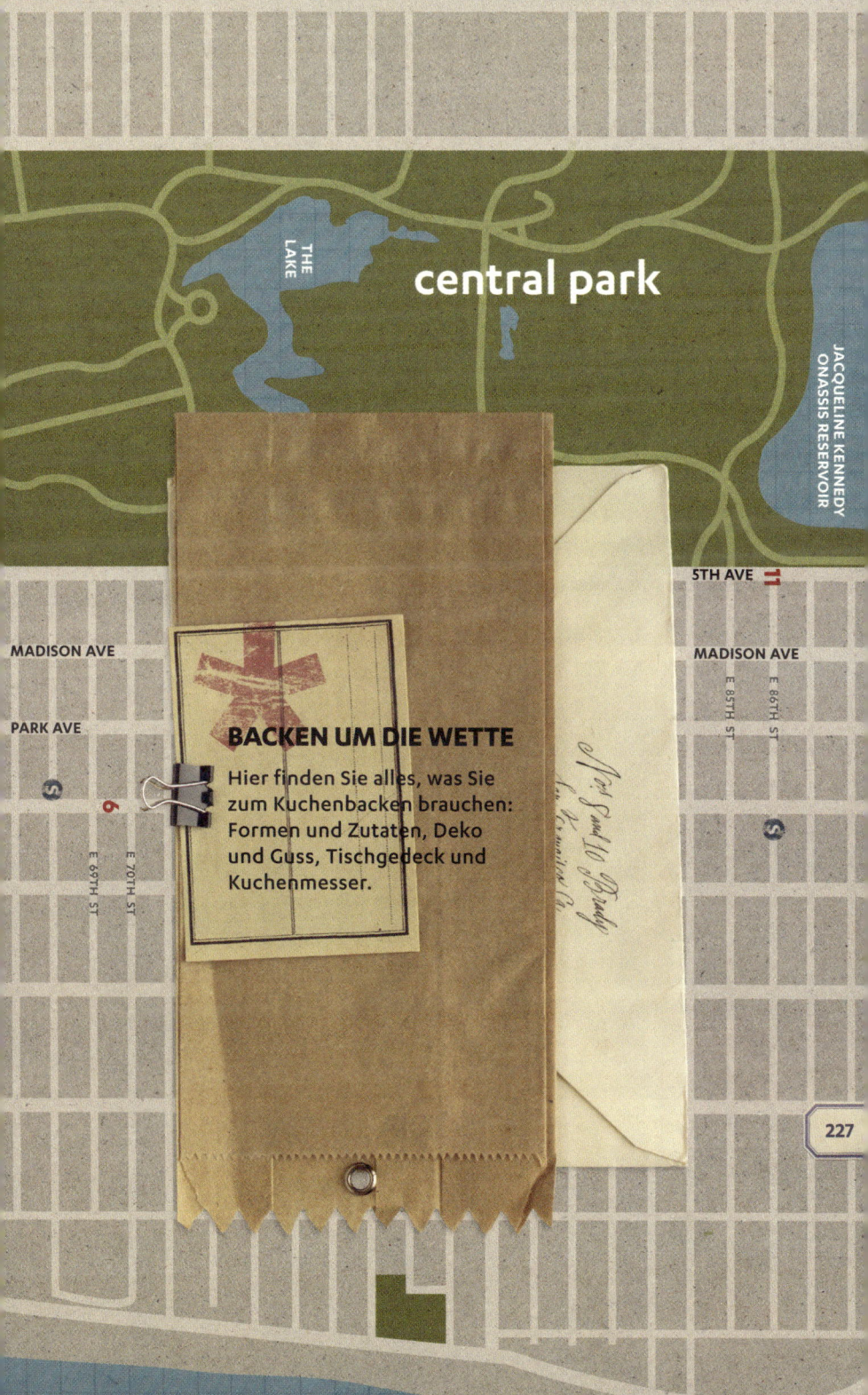

central park

THE LAKE

JACQUELINE KENNEDY ONASSIS RESERVOIR

5TH AVE 11

MADISON AVE

MADISON AVE

E 85TH ST

E 86TH ST

PARK AVE

6

E 70TH ST

E 69TH ST

BACKEN UM DIE WETTE

Hier finden Sie alles, was Sie zum Kuchenbacken brauchen: Formen und Zutaten, Deko und Guss, Tischgedeck und Kuchenmesser.

227

Gehen Sie die 6th Street runter zur 22nd Street und zu **New York Cake and Baking Distributor** (2). Kuchenformen und Plätzchenausstecher in jeder erdenklichen Gestalt und Größe, und alles zum Dekorieren Ihrer Kuchen: kandierte Blüten (Veilchen, Rosen, Stiefmütterchen), Streusel, kleine Kerzen und alles, um den einen Tag zu etwas Einzigartigem zu machen. Als ich klein war, buk mir meine Mama zum Geburtstag immer einen besonderen Kuchen. In bester Erinnerung geblieben ist mir ein Schwimmbadkuchen aus Wackelpudding ...

Einige Blocks weiter südlich wird Sie das **Cupcake Café** (3) mit seinen mit handbemalten Blüten geschmückten kleinen Kunstwerken inspirieren. Ich finde sie wunderschön. Gegenüber liegt die **City Bakery** (4) mit fantastischem Essen, das vom Greenmarket stammt (Selbstbedienung).

Laufen Sie von der 18th Street zum Broadway, zu **Fishs Eddy** (5). Hier gibt es Hotelgeschirr und Tafelzubehör: beschriftete Teller, robustes weißes Essgeschirr, Eierbecher, Milchkännchen, Besteck. Die Grundausstattung gibt es gleich zum Mitnehmen in großer Stückzahl (besonders, wenn Sie 100 Leute zum Abendessen erwarten und nur acht Teller haben!).

Gehen Sie über den Union Square Greenmarket runter zum Union Square und fahren Sie mit der grünen Linie (4, 5, 6) zur 68th Street in Uptown, Haltestelle Hunter College, zu **Sara** (6).

229

Sara

Hier habe ich schon so viele Stücke gefunden. Mir gefallen vor allem die einfachen, schlichten Schalen und Tassen in Creme- und Brauntönen, aber es gibt hier auch erstaunliche, organisch geformte Platten. Der Inhaber stellt manchmal einige tolle japanische Keramiker aus, und auch das Angebot wechselt immer wieder. Nehmen Sie sich ausreichend Zeit, denn manchmal dauert es etwas, bis man ein Stück einzeln richtig wahrnimmt. Wenn man einmal verstanden hat, worum es geht, wird man nie wieder aus einem einfachen alten Henkelbecher trinken wollen. Und freuen Sie sich auf das Zuschauen beim Verpacken (ich habe sogar ein Stück, das ich niemals ausgepackt habe).

950 Lexington Ave
NYC 10021
212.772.3243
www.saranyc.com

Weiter geht's Downtown zu **Dylan's Candy Bar** (7), einem Geschäft, das Ralph Laurens Tochter eröffnet hat. Hier sieht es aus wie in Charlies Schokoladenfabrik, die Böden wirken wie mit flüssigem Karamell getränkt. Man ist dort nicht nur auf amerikanische Süßigkeiten spezialisiert, sondern führt Bonbons aus aller Welt. Der Laden ist vollgepackt bis unter die Decke und verströmt einen Duft nach Zucker, den man einige Blocks weit riecht. Im Untergeschoss bekommen Sie sogar M-&-M-Dragees in Tüten nach Farbe sortiert.

Dann gehen Sie nach Westen zu **Steuben** (8) und dort direkt zu den geschliffenen Kristallwaren von Ted Muehling. Ich habe mir so etwas genauso lange gewünscht wie die goldene Armbanduhr von Georg Jensen!

Im Untergeschoss liegt **Calvin Klein** (9), das Mekka für Minimalisten. Betonböden, nahtlose Regale und Calvin Kleins Auswahl an Tafelzubehör, Bettwäsche und Badezimmerprodukten. Teuer und wunderschön, perfekt für alle, die das Glück haben, in einem Loft zu wohnen.

Ach, was würde ich nicht alles für ein Erlebnis wie in *Frühstück bei Tiffany* geben – ich weiß nicht, wie es Ihnen geht, aber ich liebe diesen Film. Und ich denke jedes Mal an ihn, wenn ich **Tiffany & Co** (10)

betrete. Das Erdgeschoss ist der helle Wahnsinn, deshalb gehe ich gleich in die oberen Stockwerke. Nehmen Sie den versteckten Lift, der diskret zu Ihrer Linken platziert ist, wenn Sie den Eingang an der 5th Ave nehmen.

Ich mag es, das Bestecksortiment ganz genau anzusehen, besonders das Service, das den Schriftzug Tiffany & Co trägt. Die Spielkarten sind mein persönlicher Favorit und werden im Doppelpack in klassischem Tiffanyblau in der Schreibwarenabteilung angeboten. Die Frivolität von Zahnstochern aus Zweigen und silbernen Strohhalmen lässt mich schmunzeln, und ich muss zugeben, dass ich schon einige davon gekauft habe. Der Schlüssel für meinen Laden hängt an einer silbernen Kette, die ich vor über 15 Jahren hier gekauft habe.

Wenn Sie jetzt hungrig sind, gibt's da einen Ort, der etwas abseits der Tour liegt. Aber er ist wunderschön und einen Umweg wert. Nehmen Sie ein Taxi zur „Neuen Galerie" (die sich in einer alten Villa befindet) und setzen Sie sich ins **Café Sabarsky** (11). Sie werden sich wie in Wien fühlen. Bestellen Sie ein Glas Wein zum Essen. Doch lassen Sie noch genug Platz für die einzigartigen Desserts!

Kehren Sie per Taxi nach Midtown zurück.

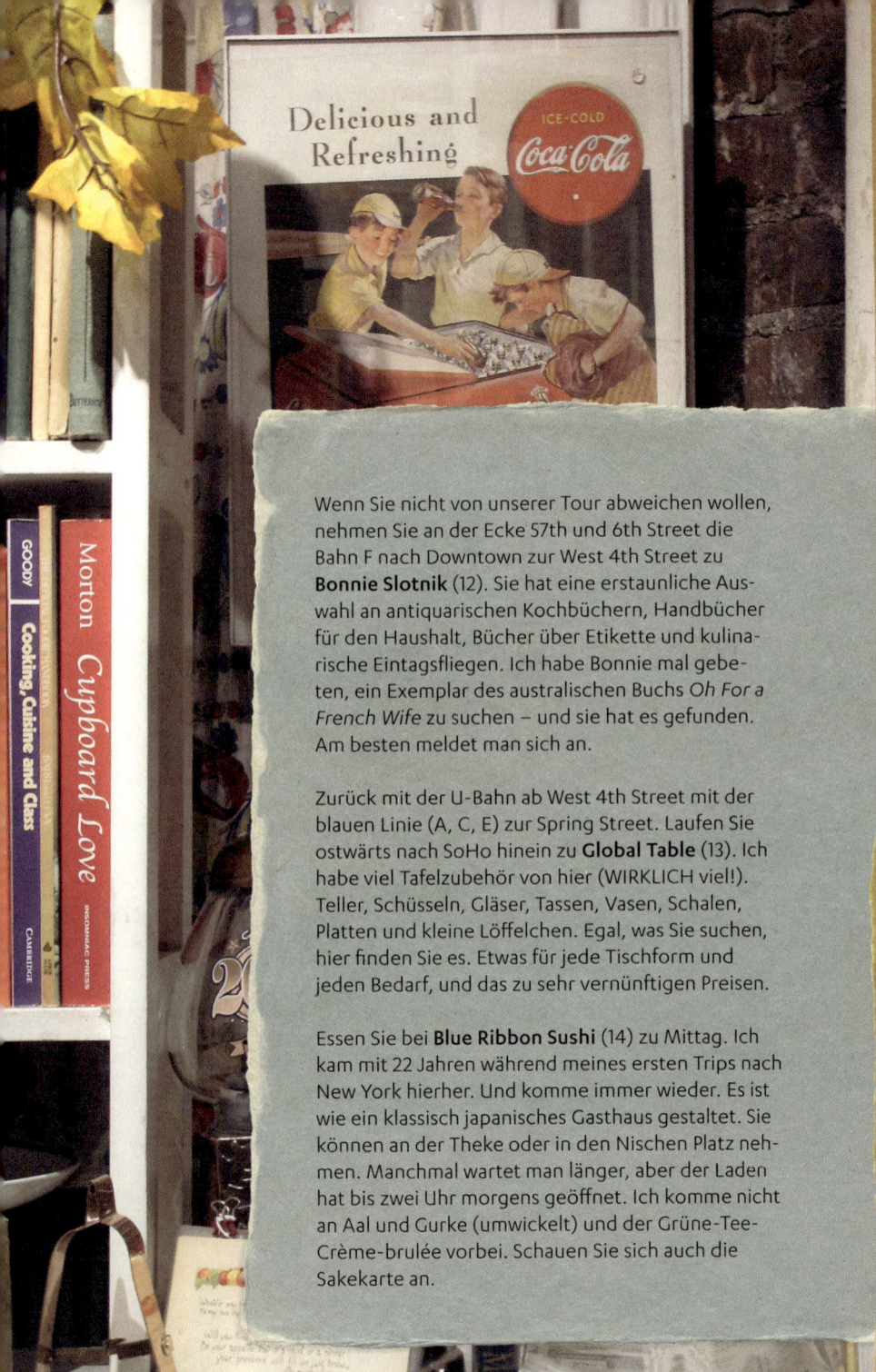

Wenn Sie nicht von unserer Tour abweichen wollen, nehmen Sie an der Ecke 57th und 6th Street die Bahn F nach Downtown zur West 4th Street zu **Bonnie Slotnik** (12). Sie hat eine erstaunliche Auswahl an antiquarischen Kochbüchern, Handbücher für den Haushalt, Bücher über Etikette und kulinarische Eintagsfliegen. Ich habe Bonnie mal gebeten, ein Exemplar des australischen Buchs *Oh For a French Wife* zu suchen – und sie hat es gefunden. Am besten meldet man sich an.

Zurück mit der U-Bahn ab West 4th Street mit der blauen Linie (A, C, E) zur Spring Street. Laufen Sie ostwärts nach SoHo hinein zu **Global Table** (13). Ich habe viel Tafelzubehör von hier (WIRKLICH viel!). Teller, Schüsseln, Gläser, Tassen, Vasen, Schalen, Platten und kleine Löffelchen. Egal, was Sie suchen, hier finden Sie es. Etwas für jede Tischform und jeden Bedarf, und das zu sehr vernünftigen Preisen.

Essen Sie bei **Blue Ribbon Sushi** (14) zu Mittag. Ich kam mit 22 Jahren während meines ersten Trips nach New York hierher. Und komme immer wieder. Es ist wie ein klassisch japanisches Gasthaus gestaltet. Sie können an der Theke oder in den Nischen Platz nehmen. Manchmal wartet man länger, aber der Laden hat bis zwei Uhr morgens geöffnet. Ich komme nicht an Aal und Gurke (umwickelt) und der Grüne-Tee-Crème-brulée vorbei. Schauen Sie sich auch die Sakekarte an.

235

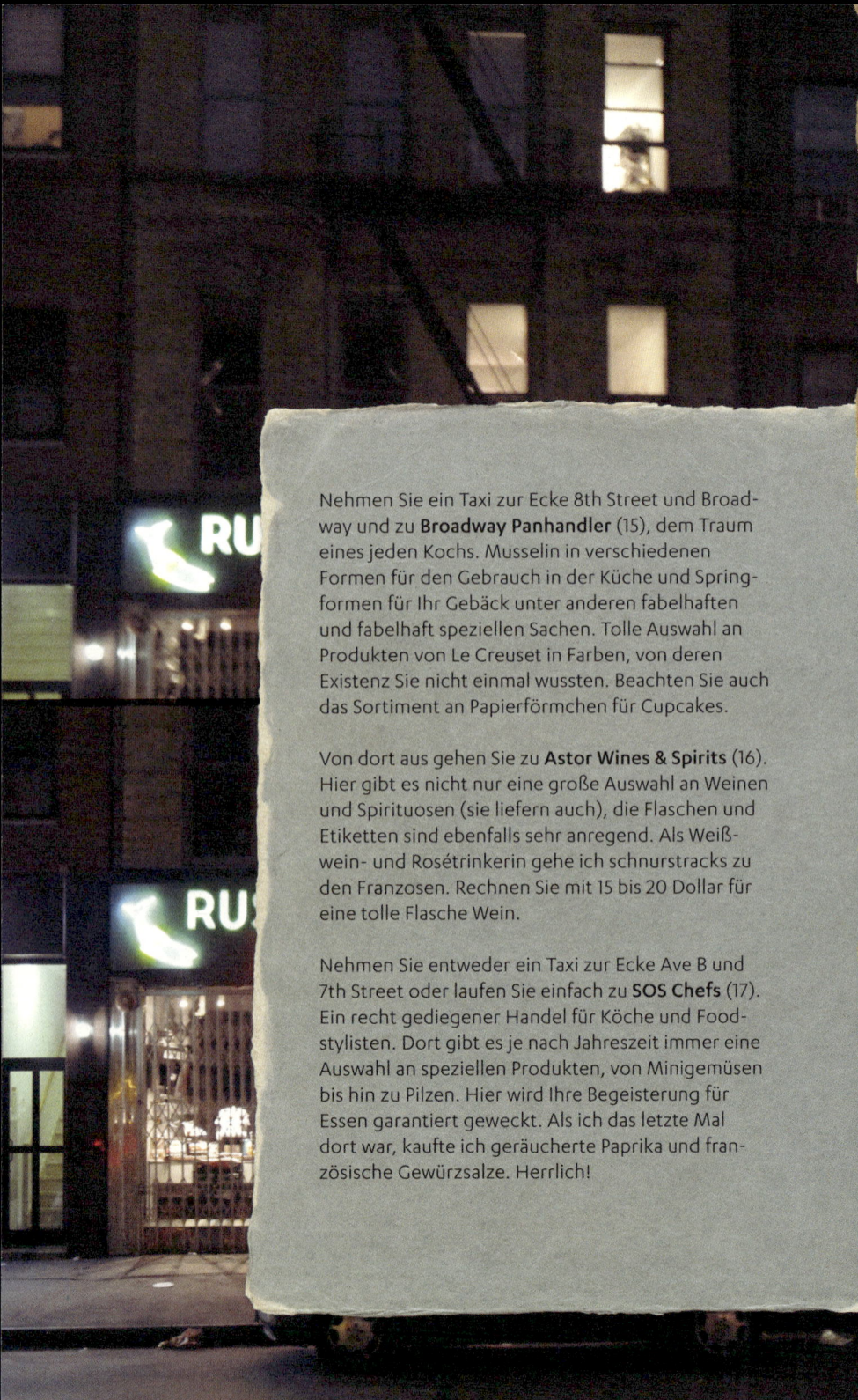

Nehmen Sie ein Taxi zur Ecke 8th Street und Broadway und zu **Broadway Panhandler** (15), dem Traum eines jeden Kochs. Musselin in verschiedenen Formen für den Gebrauch in der Küche und Springformen für Ihr Gebäck unter anderen fabelhaften und fabelhaft speziellen Sachen. Tolle Auswahl an Produkten von Le Creuset in Farben, von deren Existenz Sie nicht einmal wussten. Beachten Sie auch das Sortiment an Papierförmchen für Cupcakes.

Von dort aus gehen Sie zu **Astor Wines & Spirits** (16). Hier gibt es nicht nur eine große Auswahl an Weinen und Spirituosen (sie liefern auch), die Flaschen und Etiketten sind ebenfalls sehr anregend. Als Weißwein- und Rosétrinkerin gehe ich schnurstracks zu den Franzosen. Rechnen Sie mit 15 bis 20 Dollar für eine tolle Flasche Wein.

Nehmen Sie entweder ein Taxi zur Ecke Ave B und 7th Street oder laufen Sie einfach zu **SOS Chefs** (17). Ein recht gediegener Handel für Köche und Foodstylisten. Dort gibt es je nach Jahreszeit immer eine Auswahl an speziellen Produkten, von Minigemüsen bis hin zu Pilzen. Hier wird Ihre Begeisterung für Essen garantiert geweckt. Als ich das letzte Mal dort war, kaufte ich geräucherte Paprika und französische Gewürzsalze. Herrlich!

Laufen Sie zur Houston Street runter zum jüdischen
Spezialitätenhändler **Russ & Daughters** (18). Ich
liebe diesen Laden – es riecht hier so gut. Ich kaufe
Aprikosen und Schokolade mit Erdnüssen drin.
Es gibt aber auch geräucherten Fisch und viel
gediegeneres Essen als bloße Snacks.

Jetzt haben wir uns ein anständiges, gemütliches
Essen mit einem guten Wein verdient. Ich liebe es,
bei **Supper** (19) am Gemeinschaftstisch vorne oder,
bei gutem Wetter, draußen zu sitzen. O mein Gott,
alles auf der Speisekarte ist so gut! Die Portionen
sind groß, teilen Sie sie mit jemandem und probieren Sie sich durch die Karte. Einer meiner Favoriten
ist Spaghetti mit Zitrone. Wenn nicht gleich ein
Tisch frei ist, gibt es eine Tür weiter eine Weinbar,
in der zu warten immer Spaß macht.

M
I

öbel &
teriors

241

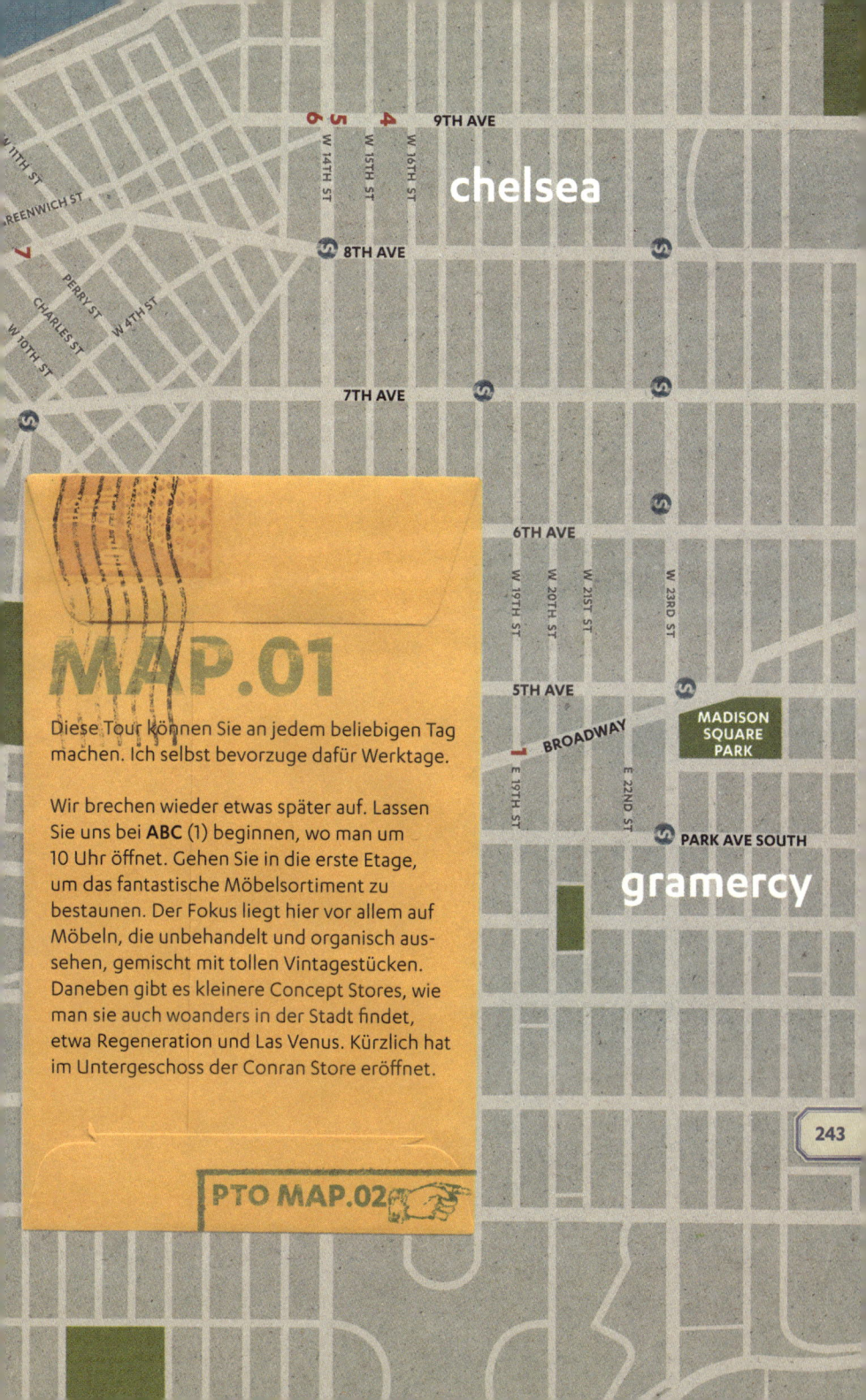

chelsea

gramercy

MAP.01

Diese Tour können Sie an jedem beliebigen Tag
machen. Ich selbst bevorzuge dafür Werktage.

Wir brechen wieder etwas später auf. Lassen
Sie uns bei **ABC** (1) beginnen, wo man um
10 Uhr öffnet. Gehen Sie in die erste Etage,
um das fantastische Möbelsortiment zu
bestaunen. Der Fokus liegt hier vor allem auf
Möbeln, die unbehandelt und organisch aussehen, gemischt mit tollen Vintagestücken.
Daneben gibt es kleinere Concept Stores, wie
man sie auch woanders in der Stadt findet,
etwa Regeneration und Las Venus. Kürzlich hat
im Untergeschoss der Conran Store eröffnet.

PTO MAP.02

MAP.02

6TH AVE

5TH AVE

MADISON AVE

PARK AVE

LEXINGTON AVE

3RD AVE

2ND AVE

THE POND

E 59TH ST

E 61ST ST

E 58TH ST

E 60TH ST

E 57TH ST

3

2

east river

central park

BROOKLYN &
QUEENS HITS

Die Läden liegen weit ausein-
ander, gönnen Sie sich also ein
Taxi – oder den komfortablen
Northside Car Service.

* Moon River Chattel
* Saved
* Darr (two locations)
* City Foundry
* Layla
* Swallow
* Sri Threads
* Noguchi Museum
* Richard Wrightman
* Tucker Robbins

Nehmen Sie am Union Square die U-Bahn und fahren Sie mit der gelben Linie (N, R) Richtung Uptown zur 5th Ave und zu **Interieurs** (2). Die Auswahl industrieller Möbel passt gut zu diesem asiatisch-französischen Stil. Tolle Accessoires – meine Lieblingsvase aus mundgeblasenem Glas in Draht stammt von hier.

Nächster Halt ist die **Chelsea Passage** (3) im neunten Stock von Barneys. Dort präsentiert man ein Sortiment an ausgefallenen (und nicht immer teuren) Haushaltswaren, Möbeln und Tafelzubehör. Es gibt dort in jeder Preisklasse etwas, und Sinn für Humor hat man dank Barneys Creative Director Simon Doonan auch.

Nehmen Sie ein Taxi Richtung Downtown zur Ecke 15th Street und 9th Ave und trinken Sie einen Kaffee bei **Ninth Street Espresso** (4) im Chelsea Market.

Beachten Sie die gläserne Wendeltreppe im **Apple Store** (5). Ich könnte stundenlang hinsehen. Fantastische Konstruktion.

Ich bin kein Fan von **Hugo Boss** (6), aber das hier ist eine spektakuläre Inneneinrichtung. Das historische Ambiente dieses Ortes (ein altes Lagerhaus im Meatpacking District) wurde erhalten und ein skelettartiges Gerüst, das an das Innere von Moby Dick erinnert, vom italienischen Architekten Matteo Thun hineingebaut.

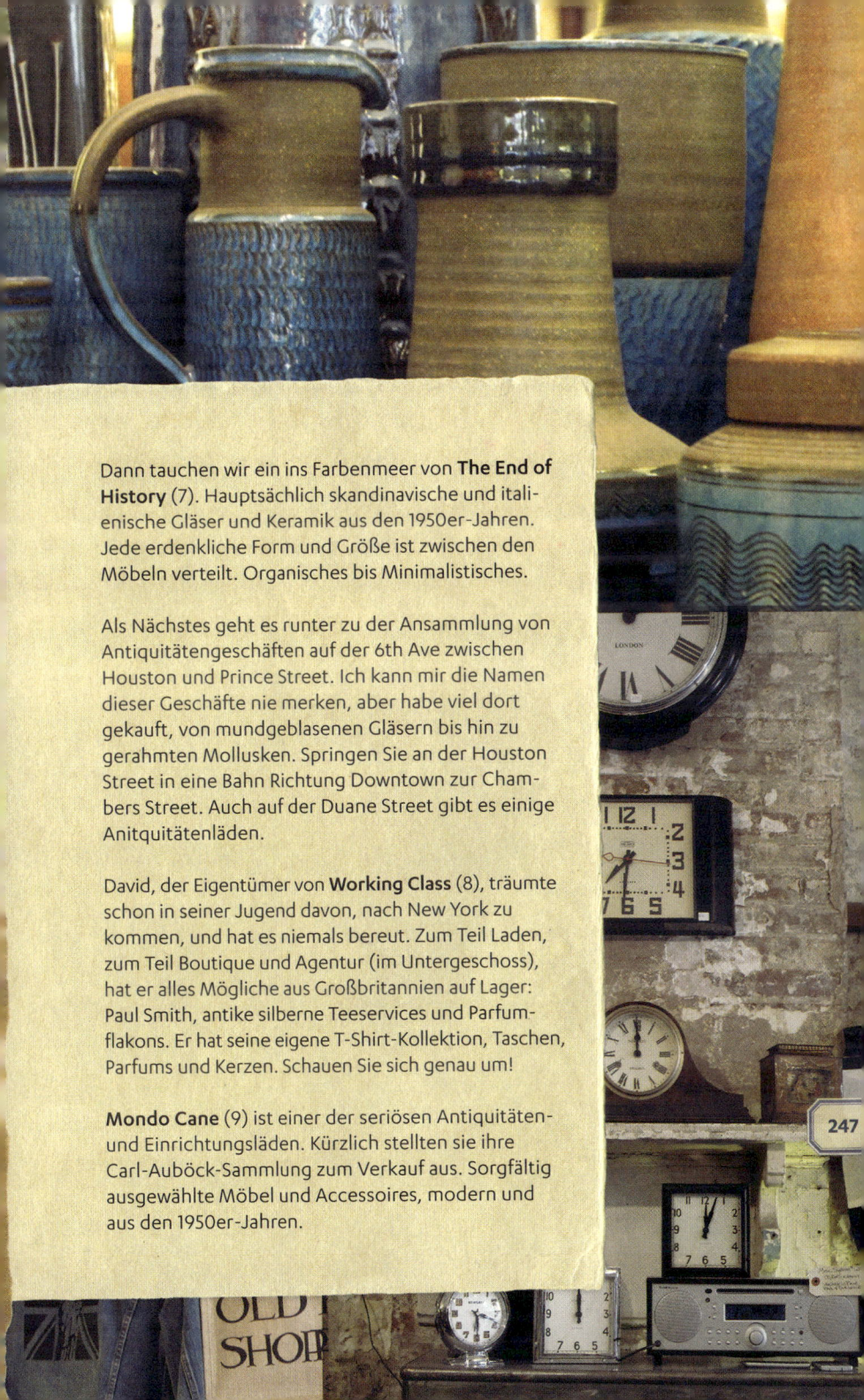

Dann tauchen wir ein ins Farbenmeer von **The End of History** (7). Hauptsächlich skandinavische und italienische Gläser und Keramik aus den 1950er-Jahren. Jede erdenkliche Form und Größe ist zwischen den Möbeln verteilt. Organisches bis Minimalistisches.

Als Nächstes geht es runter zu der Ansammlung von Antiquitätengeschäften auf der 6th Ave zwischen Houston und Prince Street. Ich kann mir die Namen dieser Geschäfte nie merken, aber habe viel dort gekauft, von mundgeblasenen Gläsern bis hin zu gerahmten Mollusken. Springen Sie an der Houston Street in eine Bahn Richtung Downtown zur Chambers Street. Auch auf der Duane Street gibt es einige Anitquitätenläden.

David, der Eigentümer von **Working Class** (8), träumte schon in seiner Jugend davon, nach New York zu kommen, und hat es niemals bereut. Zum Teil Laden, zum Teil Boutique und Agentur (im Untergeschoss), hat er alles Mögliche aus Großbritannien auf Lager: Paul Smith, antike silberne Teeservices und Parfumflakons. Er hat seine eigene T-Shirt-Kollektion, Taschen, Parfums und Kerzen. Schauen Sie sich genau um!

Mondo Cane (9) ist einer der seriösen Antiquitäten- und Einrichtungsläden. Kürzlich stellten sie ihre Carl-Auböck-Sammlung zum Verkauf aus. Sorgfältig ausgewählte Möbel und Accessoires, modern und aus den 1950er-Jahren.

Ich habe mich vor **Lucca Antiques** (10) immer ein wenig gefürchtet, weil ich mir deren Mietpreise für Fotoshootings nicht leisten konnte. Ziemlich französisch mit einer sehr schönen Auswahl: natur-belassenes Leinen, gebeiztes Holz usw.

Gehen Sie den West Broadway hinauf zur White Street und stellen Sie sich bei **Café Clementine** (11) in die Schlange. Genießen Sie im Winter eine köstliche Suppe oder zu jeder anderen Jahreszeit eines der fantastischen Sandwiches. Ich mag das Malibu-Sand-wich mit knackigen Mungobohnen. Eigentlich ist es mehr zum Mitnehmen gedacht, aber drinnen gibt es auch ein paar Plätze und vor der Tür eine Bank.

Spazieren Sie rüber zu **Steven Sclaroff** (12), ihn wird Ihr Sandwich sicherlich nicht stören. Ich traf Steven das erste Mal bei Fotoaufnahmen, als er für Kate Spade als Inneneinrichter tätig war. Einst im West Village ansässig, zog es ihn nach Tribeca, wo er aber immer noch die gleichen Möbel, Teppiche, Leuch-ten und Kunst verkauft, die seinen Sinn für Humor und sein Wissen über Design widerspiegeln. Achten Sie auf das Eichhörnchen!

Es geht nordwärts Richtung Canal und Wooster Street. Dort finden Sie **Property** (13). Das vom Megadesigner Stefan Beckman und Sabrina Schilcher gegründete Geschäft ist ganz dem modernen Design gewidmet.

Ein Stück weiter die Straße rauf befindet sich **Fritz Hansen** (14). Hier ist Möbeldesign alles. Sie finden hier die Modelle vieler berühmter Designer, darunter meinen geliebten Arne-Jacobsen-Stuhl „Schwan".

Noch weiter nach Norden und hinein nach SoHo zu **Ochre** (15), das meinem Freund Andrew gehört. Er stellt Dinge in derart inspirierender Weise zusammen, dass die Dekoration der eigenen vier Wände dadurch gleich viel einfacher wird. Sein sehr kluger Mix aus bezahlbaren neueren Sachen und Vintage-fundstücken aus aller Herren Länder umfasst Möbel, Leuchten, Spiegel, feines Porzellan, mundgeblasenes Glas und Handtücher.

Dann zu **Andrianna Shamaris** (16). Neben den wie zufällig an der Wand lehnenden, beeindruckenden Stücken aus Teakholz finden Sie hier wunderschö-nen Schmuck, Moskitonetze, aus ganzen Baum-stämmen geschnitzte Möbel und riesige Muscheln. Es fühlt sich so ruhig und exotisch an wie auf einer einsamen Insel – mitten in Manhattan.

Machen Sie für eine Erfrischung bei **Jamba Juice** (17) an der Ecke Mercer und Houston Street halt.

Jetzt laufen wir den Broadway zur Bond Street rauf und statten **Todd Merrill** (18) einen Besuch ab.

Todd Merrill

Dieses Antiquitätengeschäft bringt einen Hauch von Hollywood nach Manhattan. Wirklich glamourös erstrahlen verspiegelte Anrichten, Leuchter aus Muranoglas, mit Blattgold verzierte Objekte und andere sagenhafte Stücke, mit denen Sie Ihr unglaublich schickes und fabelhaftes Loft ausstatten können!

65 Bleecker St
NYC 10012
212.673.0531
www.merrillantiques.com

255

Dann weiter zu **Modernlink** (19). Dieser fantastische Laden gehört William. Auch wenn Sie glauben, Teak wäre nicht Ihre Sache, wird Sie seine wunderschöne Kollektion dänischer Klassiker vom Gegenteil überzeugen.

Nehmen Sie ein Taxi zur Stanton Street und zu **Las Venus** (20), das Sie nicht verfehlen können, weil es in leuchtenden Farben erstrahlt. Es ist randvoll mit modernen Möbeln aus den 1950er-Jahren, Objekten und Kunst. Sie können hier einige ziemlich tolle Stücke finden, genauso wie am zweiten Standort bei ABC Carpet & Home.

Laufen Sie dann runter zur Ecke Orchard und Broome Street, wo Sie **Earnest Sewn** (21) sowie einige andere kleine Läden finden werden. Die gleiche Ästhetik wie bei ihrem Standort im Meatpacking District: grob gesägte, breite, locker verlegte Dielenbretter, erstaunliche alte Requisiten sowie eine Auswahl an Blumen und Topfpflanzen. Dies ist ein Jeansladen, in dem Sie Hosen maßgeschneidert nach Ihren Angaben anfertigen lassen können. Speziell für Sie!

Und zum Abschluss werden wir bei **Barrio Chino** (22) den besten Jalapeño Margerita der ganzen Stadt genießen, aber seien Sie vorsichtig: Sie machen süchtig und sind verboten gut. Achten Sie darauf, vorher mit den köstlichen Minitacos eine gute Basis zu schaffen.

Später können Sie sich bei **Il Laboratorio del Gelato** (23) gleich um die Ecke mit einem Eis belohnen. Setzen Sie sich auf die Treppe des Tenement-Museums, um Ihr Eis im Hörnchen oder Becher zu genießen. Es wird täglich frisch in allen erdenklichen Geschmacksrichtungen hergestellt.

Orte mit Stern sind nicht in einer der Touren enthalten, ich liebe sie dennoch sehr.

Register

a

e

Earnest Sewn   143, 256
821 Washington St
NYC 10006
212.242.3414
90 Orchard St
NYC 10002
212.979.5120
www.earnestsewn.com

. . . .

Electric Trading Co   *
313 Canal St
NYC 10013
212.226.0575
Hier gibt es alles, was mit Beleuchtung
zu tun hat: stoffummantelte Kabel, Bake-
litstecker und Aluminiumschirme.

. . . .

Elizabeth Street Gallery   37
209 Elizabeth St
NYC 10012
212.941.4800
www.elizabethstreetgallery.com

. . . .

The End of History   247
548 ½ Hudson St
NYC 10014
212.647.7598
http://theendofhistory.blogspot.com

. . . .

E. R. Butler & Co.   112
(nur nach Anmeldung)
55 Prince St
NYC 10012
212.925.3565
www.erbutler.com

. . . .

Erica Tanov   *
204 Elizabeth St
NYC 10012
212.334.8020
www.ericatanov.com
Die Leute fragen mich ständig, wo ich
meinen erlesenen Goldschmuck gekauft
habe – nun, dies ist einer der Orte.

. . . .

Erie Basin   *
388 Van Brunt St Brooklyn
NYC 11231
718.554.6147
www.eriebasin.com

. . . .

E. Vogel   106
19 Howard St
NYC 10013
212.925.2460
www.vogelboots.com

. . . .

Evolution   69
120 Spring St
NYC 10012
212.343.1114
www.theevolutionstore.com

. . . .

f

Fishs Eddy   228
889 Broadway bei der 19th St
NYC 10003
877.347.4733
www.fishseddy.com

. . . .

45 rpm   34
169 Mercer St
NYC 10012
917.237.0045
www.rby45rpm.com

. . . .

Fred's   42
Barneys
9th floor
660 Madison Ave
NYC 10065
212.833.2200

. . . .

Freemans   80, 121
Am Ende der Freemans Alley, Off
Rivington zwischen Bowery und Chrystie.
NYC 10002
212.420.0012
www.freemansrestaurant.com

. . . .

Freemans Sporting Club   *
8 Rivington St
NYC 10002
212.673.3209
www.freemanssportingclub.com
Dies ist ein Laden für MÄNNER (Holz-
fällertypen und so). Im Hinterzimmer
gibt es einen Barbier, und es ist einfach
cool, hier drin gesehen zu werden.

. . . .

Fritz Hansen   252
22 Wooster St
NYC 10013
212.219.3226
www.fritzhansen.com

. . . .

The Future Perfect   194
55 Great Jones St
NYC 10012
212.473.2500
www.thefutureperfect.com

. . . .

g

h

i

265

m

supercoolen Studiobar laufen Ihnen Prominente über den Weg. Es gibt auch eine Galerie, eine Produktionsgesellschaft und ein Penthouse sowie eine Dachterrasse, die man für Aufnahmen oder Partys buchen kann.

Der beste Marokkaner der Stadt (oder überhaupt). Toll an einem Winterabend für Casablanca-Hühnchentajine oder das ganze Jahr hindurch zum Frühstücken. Ich bin ganz versessen auf orientalische Eiervariationen, wie Rührei mit Hummus, Tabouleh und Harissa mit Fladenbrot.

n

Leinenservietten, Überwürfe aus Schurwolle und andere begehrenswerte, teure Stücke.

Stanley Pleating & Stitching Company *
242 W. 36th St
NYC 10018
212.868.2920
www.stanleypleatingandstitching.com
Hier hat man sich auf Plisseestoffe (insbe-
sondere für die Modeindustrie) spezialisiert. Lassen Sie Ihren Stoff da und holen
Sie ihn später mit einer Lage gefälteltem
Papier wieder ab.

Steinlauf and Stoller 134
239 W. 39th St
NYC 10018
212.869.0321
www.steinlaufandstoller.com

Steuben 232
667 Madison Ave
NYC 10065
1800 STEUBEN
www.steuben.com

Steven Alan 100
103 Franklin St
NYC 10013
212.343.0692
www.stevenalan.com

Steven Sclaroff 249
44 White St
NYC 10013
212.691.7814
www.stevensclaroff.com

Strand Bookstore 190
828 Broadway
NYC 10003
212.473.1452
Central Park Kiosk 60th St und 5th Ave
(direkt gegenüber vom Pierre Hotel)
NYC 10019
www.strandbooks.com

Stumptown Coffee Roasters 56
im Ace Hotel
20 W. 29th St
NYC 10001
www.stumptowncoffee.com

Supper 239
156 E. 2nd St
NYC 10009
212.477.7600
www.supperrestaurant.com

Surface Studio *
242 W. 30th St #1202
NYC 10001
212.244.6107
www.surfacestudio.com
Josef hat eine tolle, gut sortierte und
stetig wachsende Auswahl an Hinter-
grundflächen, die man für Fotoshootings
mieten kann.

Swallow *
361 Smith St Brooklyn
NYC 11231
718.222.8201
www.dearswallow.com

t

Taschen 193
107 Greene St
NYC 10012
www.taschen.com

Ted Muehling 77, 106
27 Howard St
NYC 10013
212.431.3825
www.tedmuehling.com

Tiffany and Co. 232
5th Ave und 57th St
NYC 10022
212.755.8000
www.tiffany.com

Tinsel Trading Co 129
1 W. 37th St
NYC 10018
212.730.1030
www.tinseltrading.com

Todd Merrill 254
65 Bleecker St
NYC 10012
212.673.0531
www.merrillantiques.com

Toho Shoji 132
990 6th Ave
NYC 10018
212.868.7466
www.tohoshoji-ny.com

Treillage Ltd. 42
418 E. 75th St
NYC 10021
212.535.2288
www.treillageonline.com

NYC

10001
10011
10014
10006
10048
CORTLANDT ST
10007
10013
10038
WORTH ST
PARK ROW
MAIDEN LN
BROADWAY
NORTH 10304
10305
10012
CHARLTON ST
BROOME ST
W 14TH ST
GREENWICH AVE.
W 24TH ST
N 4TH ST
5TH AVE.
10003
E 4TH ST
BOWERY
1ST AVE
10002
E HOUSTON ST
10009
E 20TH ST
5TH AVE
10010

Post

W 48TH ST

10036

10019

1002

W 59TH ST

CENTRAL PK S

10023

W 76TH ST

CENTRAL PK W

10024

W 91ST ST

10025

CENTRAL PK W

CENTRAL PARK

5TH AVE

E 49TH ST

10017

10022

E 60TH ST

10065

E 69TH ST

10021

E 76TH ST

10075

E 80TH ST

10028

E 87TH ST

5TH AVE

10128

E 97TH ST

10029

E 116TH ST

10044

ROOSEVELT ISLAND

n
w + e
s

eitzahlen

Postleit-zahlen

10001

The Ace Hotel 56
20 W. 29th St
Hotel

B & J Florist Supply Co. 27
103 W. 28th St
Eventausstattung

The Breslin 207
beim The Ace Hotel
16 W. 29th St
Essen und Trinken

Caribbean Cuts 24
120 W. 28th St
Tropische Pflanzen

Center for Book Arts 207
28 W. 27th St 3rd Floor
Buchbinderei und Kurse

Chelsea Antiques 55, 225
Garage
112 W. 25th St
Flohmarkt

Confetti System 261
164 W. 25th St
Partyausstattung

Designer's Garden 24
136 W. 28th St
Bonsais und Sukkulenten

Dry Nature Designs 59
245 W. 29th St
Äste, Zweige und Steine

G. Page 24
120 W. 28th St
Blumen

Habu 141
135 W. 29th St #804
Gewebtes und Naturfasern

Jamali Garden Floral &
Garden Supplies 56
149 W. 28th St
Eventausstattung

John Robshaw Textiles 136
(nur nach Anmeldung)
245 W. 29th St #1501
Möbel und Textilien

Kremer Pigments 211
247 W. 29th St
Künstlerbedarf und
Farbpigemente

Manhattan Wardrobe 135
Supply
245 W. 29th St 8th floor
Zubehör für Kostüm-
bildner und Spezialeffekte

Manex USA 142
126 W. 25th St
Schneider- und Schau-
fensterpuppen

Opening Ceremony 56
im The Ace Hotel
1190-1192 Broadway
Kleidung und Schmuck

Paramount Party 59
Supplies
52 W. 29th St
Verkleidungen und Party-
zubehör

Planter Resource 24
New York City Flower
Market
150 W. 28th St
Blumentöpfe

Remains 271
130 W. 28th St
Lampen

Stumptown Coffee 56
Roasters
The Ace Hotel
20 W. 29th St
Kaffee

Surface Studio 273
242 W. 30th St #1202
Verleih von Hintergründen
für Fotoshootings

28th St Wholesale 27
105 W. 28th St
Blumen und Pflanzen

US Evergreens 27
805 6th Ave
Große Äste und Kränze

10002

Barrio Chino 256
253 Broome St
Essen und Trinken

Brown Café 260
61 Hester St
Essen und Trinken

Earnest Sewn 143, 256
90 Orchard St
Jeans

Freemans 80, 121
Am Ende der Freeman
Alley, Off Rivington zwi-
schen Bowery und Chrystie
Essen und Trinken

Freemans Sporting 263
Club
8 Rivington St
Herrenbekleidung und
Barbier

Hester St Fair 264
Hester und Essex St
Flohmarkt

Il Laboratorio 257
del Gelato
95 Orchard St
Speiseeis

Las Venus 256
113 Stanton St und 163
Ludlow St
Design der 1950er-Jahre

Leekan Designs 80
4 Rivington St
Asiatisches

283

10029

Central Park   261
Conservatory Garden
5th Ave und 105th St
Central Park
Stadtpark

10036

Joe
44 Grand Central Terminal
Kaffee

Metalliferous   91
34 W. 46th St
Bastelbedarf, Schmuck

10038

Dim Sum Go Go   262
5 E. Broadway (am
Chatham Square)
Teigtaschen

10065

Barneys   42
660 Madison Ave
Haushaltswaren

Calvin Klein   232
654 Madison Ave
Haushaltswaren

Chelsea Passage   246
Barneys
660 Madison Ave
Haushaltswaren

Fred's   42
Barneys
9th fl.
660 Madison Ave
Essen

Steuben   232
667 Madison Ave
Glaswaren

10075

Lady M   267
41 E. 78th St
Kuchen

Wolford   146
997 Madison Ave
Strumpfwaren

10128

Cooper-Hewitt   180
2 E. 91st St (und Ecke
5th Ave)
Museum

Guggenheim Museum 180
1071 5th Ave
Museum

BROOKLYN & QUEENS

Brook Farm General   260
Store
75 Sth. 6th St Brooklyn
NYC 11211
Eisenwaren und Garten

City Foundry   261
365 Atlantic Ave Brooklyn
NYC 11217
Vintagemöbel und-lampen

Darr   262
369 Atlantic Ave Brooklyn
NYC 11217
*Vintagemöbel und
Accessoires*

Diner   262
85 Broadway Brooklyn
NYC 11211
Essen und Trinken

Erie Basin   263
388 Van Brunt St Brooklyn
NYC 11231
Schmuck

Layla   267
86 Hoyt St Brooklyn
NYC 11201
Textilien und Schmuck

Marlow & Sons   268
81 Broadway Brooklyn
NY 11211
Essen und Wein

Moon River Chattel   269
62 Grand St Brooklyn
NY 11211
*Vintagemöbel, Haushalts-
waren, für Garten und Bad*

Noguchi Museum   270
9-01 33rd Rd (am Vernon
Boulevard)
Long Island City
NY 11106
Museum

Richard Wrightman   271
(nach Anmeldung)
44-01 11th St Long Island
City
NYC 11101
Retro-Klappmöbel

Saved   272
426 Union Ave
Williamsburg Brooklyn
NYC 11211
Tätowierungen

Sri Threads   272
(nach Anmeldung)
18 Eckford St #8 Brooklyn
NYC 11222
Japanische Textilien

Swallow   273
361 Smith St Brooklyn
NYC 11231
Glaswaren und Accessoires

Tucker Robbins   274
33-02 Skillman Ave 4th fl.
Long Island City
NYC 11101
Möbel

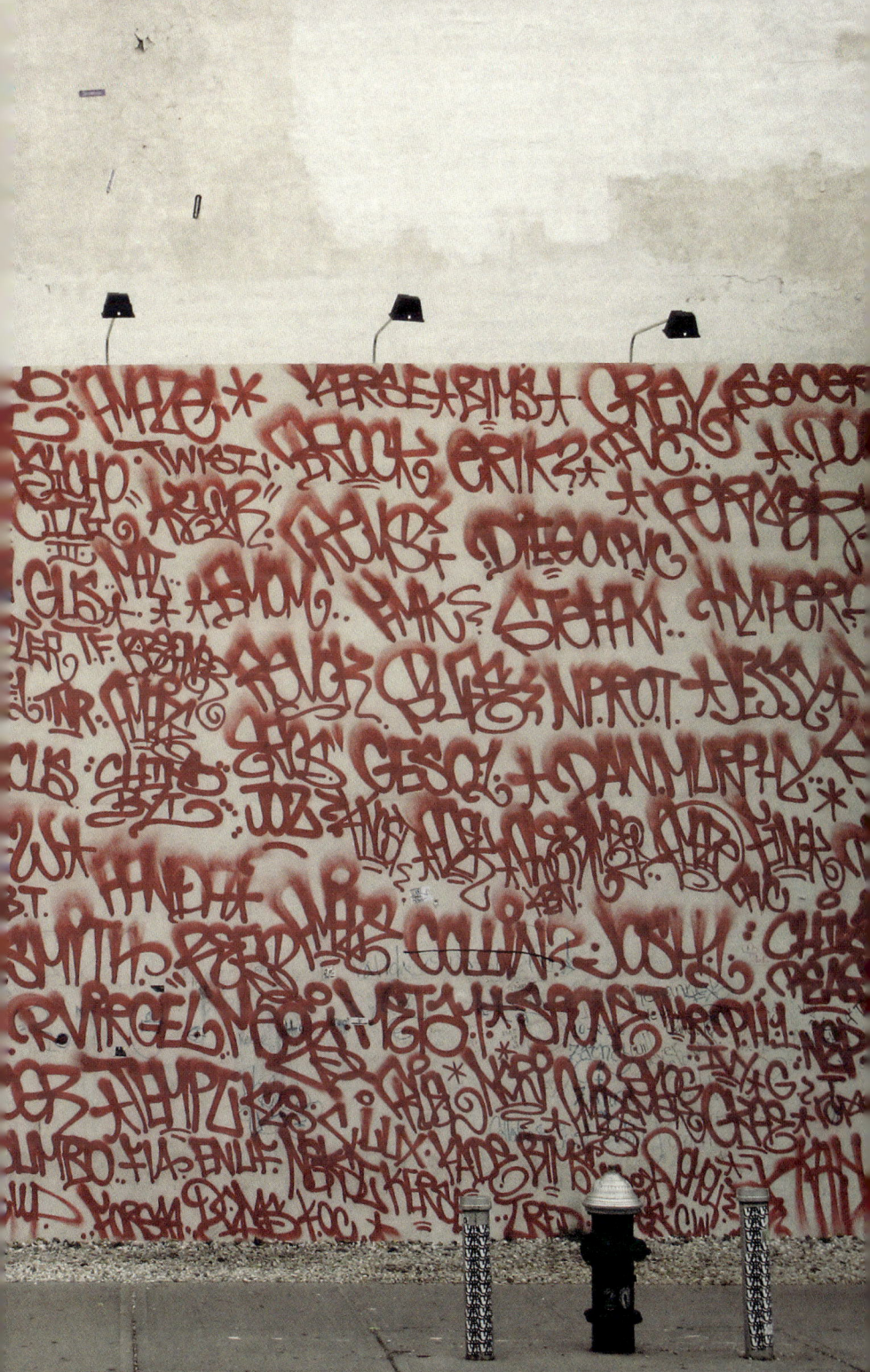

Autorisierte deutsche Ausgabe veröffentlicht von NATIONAL GEOGRAPHIC DEUTSCHLAND
(G+J/RBA GmbH & Co. KG), Hamburg 2012.
Copyright der Originalausgabe
© Murdoch Books Pty Limited, 2011

Titel der Originalausgabe: The Stylist's Guide to NYC

Mitarbeiter der englischen Originalausgabe
Redaktionsleitung: Leta Keens
Konzept und Design: Reuben Crossman

Mitarbeiter der deutschen Ausgabe
Übersetzung: Frank Michael von Berger für bookwise GmbH, München
Lektorat und Satz: bookwise GmbH, München
Titelgestaltung: www.anjagrimmgestaltung.de (Gestaltung),
www.stephanengelke.de (Beratung)

Druck: 1010 Printing International Limited, China
ISBN 978-3-86690-312-8

Die National Geographic Society, eine der größten gemeinnützigen wissenschaftlichen
Vereinigungen der Welt, wurde 1888 gegründet, um «die geographischen Kenntnisse zu
mehren und zu verbreiten». Sie unterstützt die Erforschung und Erhaltung von Lebensräumen
sowie Forschungs- und Bildungsprogramme. Ihre weltweit mehr als neun Millionen Mitglieder
erhalten monatlich das NATIONAL GEOGRAPHIC-Magazin, in dem die besten Fotografen ihre Bilder
veröffentlichen sowie renommierte Autoren aus nahezu allen Wissensgebieten der Welt
berichten. Ihr Ziel: *inspiring people to care about the planet,* Menschen zu inspirieren, sich für
ihren Planeten einzusetzen.

Die National Geographic Society informiert nicht nur durch das Magazin, sondern auch durch
Bücher, Fernsehprogramme und DVDs.

Falls Sie mehr über NATIONAL GEOGRAPHIC wissen wollen, besuchen Sie unsere Website unter
www.nationalgeographic.de.

DANKE AN

Edwina McCann, Erez Schernlicht, Katie Dineen, James Merrell, Jonny Valiant, Amber Jacobsen, Jee, Randy & Sebastian, Leah Rauch, Chris Court, meinen Vater Peter und meine Familie,
Donna Hay, Hannah Brady, Reuben Crossman, Kay Scarlett, Katrina O'Brien, Diana Hill, Leta
Keens und all die Ladenbesitzer in NYC: Danke, dass ich bei euch wohnen durfte, ihr mir euer
Fahrrad geliehen habt, Fotos gemacht habt, zur Bibliothek gegangen seid, mir erlaubt habt,
bei euch zu sein, mich wunderschöne Dinge lieben ließt, in wirklich schweren Zeiten immer
noch Einzelhandel betreibt, mich herumgefahren habt, mit mir in supercoolen Restaurants
und Bars essen wart und früh mit mir für Märkte und Recherchen aufgestanden seid!